DIE ENTSTEHUNG

DER

VORHERRSCHAFT VENEDIGS

AN DER ADRIA

MIT

BEITRÄGEN ZUR VERFASSUNGSGESCHICHTE

VON

WALTER LENEL.

STRASSBURG

VERLAG VON KARL J. TRÜBNER

1897.

Vorwort.

Die folgenden Aufsätze sind aus Untersuchungen hervorgegangen, die auf eine Darstellung der älteren Geschichte Venedigs hinzielten; es sind Vorarbeiten für diese Aufgabe.

Eine Reihe von Fragen wird auf neuer Grundlage zu erörtern sein, darunter vornehmlich die, die uns zunächst beschäftigen wird: unter welchen Umständen die Vorherrschaft Venedigs an der Adria sich ausgebildet hat. Nicht als ob hier schlechthin neue Tatsachen zu berichten wären; ich hoffe aber, sie in einem neuen Zusammenhang zu zeigen. Die Entwicklung, die wir verfolgen werden, dehnt sich über Jahrhunderte aus, und das Aufsteigen Venedigs zu Macht und Grösse lässt sich hier von einer noch unbekannten Seite her beobachten. Allerdings ist diese Betrachtung nicht ganz gleichmässig durchführbar; die Beschaffenheit der Überlieferung steht dem im Wege. Man muss schon zufrieden sein, dass die Grundzüge der Entwicklung hier mehr, dort minder deutlich noch erkennbar sind. Eine erschöpfende Aufzählung der einschlägigen Nachrichten lag nicht in meiner Absicht; es kam mir nur darauf an, alles wesentliche klar hervorzuheben. Wenn ich bei wirtschaftsgeschichtlich bedeutsamen Erscheinungen in Venedig und im östlichen Oberitalien etwas eingehender verweilt habe, so geschah es, weil sich nur so ein anschaulicheres Bild der geschilderten Zustände entwerfen liess.

In der sich dann anschliessenden verfassungsgeschichtlichen Untersuchung konnte ich nicht umhin, der herkömmlichen Anschauung, die ja in der Hauptsache wohlbekannt und erst kürzlich wieder im einzelnen auseinandergesetzt worden ist, gerade in Grundfragen entgegenzutreten. Täusche ich mich nicht, so hat man sich

Die Entstehung der Vorherrschaft Venedigs an der Adria.

1. Venedig und das „regnum".

Die Beziehungen Venedigs zu dem italienischen regnum waren seit alter Zeit durch Verträge geregelt[1]. Zu

[1] Bekanntlich ist schon mit Liutprand ein Vertrag abgeschlossen worden; die Reihe der erhaltenen beginnt mit Lothar I. Von älteren Drucken ist jetzt abzusehen: nur die Ausgaben in den Mon. Germ. kommen in Betracht, und zwar für die Zeit von 840 bis 927 MG. Legum sectio II Capitularia regum Francorum II 1 (1890) p. 129—151, besorgt von Kehr und Krause, und von 967—1220 MG. Constitutiones et acta publica imperatorum et regum I (1893) II (1896) (Kehr). Ausserdem ist für die Urkunden der drei Ottonen auch die Bearbeitung in der Abteilung Diplomata heranzuziehen. — Alle diese Ausgaben beruhen auf den Ergebnissen der scharfsinnigen und eindringenden Abhandlung Fantas (die Verträge der Kaiser mit Venedig bis zum Jahre 983, Mitteilungen des Instituts für österreich. Geschichtsforschung, Ergänzungsband I (1885) p. 51—128), der die Urkunden namentlich nach der formalen Seite hin auf ihre Überlieferung, Entstehung und ihre besondere Fassung untersucht hat. Auch die oben folgenden, zusammenfassenden Bemerkungen schliessen sich im wesentlichen an die Ausführungen Fantas an. Ich muss hier jedoch hinzufügen, dass ich seine Darlegung in mehreren wichtigen Punkten nicht für zutreffend halte. Was insbesondere sein Urteil über die Überlieferung betrifft, in der die Verträge Otto I. und Otto II. uns überkommen sind, so möchte ich meine abweichende Ansicht wenigstens andeuten, um so mehr, als Fantas Auffassung von Sickel, Kehr und von Ottenthal (in der neuen Bearbeitung der Böhmerschen Regesta Imperii II 1 (1893) nr. 459 p. 206) anerkannt und für die Gestaltung des Textes jener Urkunden in den Diplomata und Constitutiones massgebend gewesen ist. Es handelt sich um folgende Frage: Die beiden Ottonischen Verträge liegen uns in einer doppelten Überlieferung vor, nämlich 1) in einer wohl noch dem zehnten Jahrhundert angehörenden Copie (B) (Staatsarchiv Venedig, Atti diplomatici restituti dal governo Austriaco nel 1868, nr. 16) und 2) in dem liber Blancus (sec. 14) (C) und codex Trevisaneus (sec. 15) (D), deren Abschriften auf eine gemeinsame Quelle, aber nicht auf die Originale, sondern auf eine verlorene Urkundensammlung, wahrscheinlich auf die von dem Schreiber des cod. Trev. mit der Abbre-

unterscheiden ist dabei ursprünglich die kaiserliche Bestätigung des venezianischen Besitzstandes und eine vom Kaiser in der Form eines Capitulare festgestellte, rein vertragsmässige Übereinkunft zwischen Venedig und einer Anzahl italienischer Städte, die den Bedürfnissen des unmittelbaren Grenzverkehrs und den allgemeinen commerciellen Interessen Rechnung trug. Mit der Zeit jedoch büsst diese Übereinkunft durch wiederholte Umarbeitung, die sie bei Erneuerungen erfährt, den Charakter eines gegenseitigen Vertrages ein und bildet sich zu einer einseitigen kaiserlichen Gnadenverleihung um, die schliesslich auch die Garantie des venezianischen Besitzstandes in sich aufnimmt. Auf den eigentümlichen Verlauf und die besonderen Gründe dieser Entwicklung haben wir hier nicht näher einzugehen; sachlich schlug sie zum Vorteil der Venezianer aus. So z. B. wurde der ursprünglich nur für ein kleines Gebiet geltende Vertrag auf das ganze regnum ausgedehnt. War er anfangs nur für einen beschränkten Zeitraum, nämlich von fünf zu fünf Jahren, vereinbart, so wurde er unter Otto I. für ewige Zeiten abgeschlossen. An Stelle des blossen Herkommens so-

---

viatur „Eg" oder „Egn" bezeichnete Handschrift zurückgehen. (Vgl. hierzu die übrigens noch nicht abschliessenden Untersuchungen Monticolos, Bullettino dell' Istituto storico Italiano (1890) Bd. 9 p. 215 ff., 291 ff., 301 ff.). Nach Fanta p. 53 ff., dem die genannten Forscher gefolgt sind, wäre nun die Vorlage von C und D zu Gunsten der Venezianer teilweise verunechtet gewesen, während B hier die ursprüngliche und echte Fassung biete. Seine Beweisführung aber geht von der, wie er meint, unzweifelhaften Tatsache aus, dass der Schluss der Urkunde Otto I. in echter Fassung nur in B erhalten sei. Meines Erachtens jedoch zeigt ein sorgfältiger Vergleich mit den Vor- und Nachurkunden, dass vielmehr C und D die richtige Fassung des Schlusses geben, während derselbe in B aus PO II. herübergenommen ist. Je nachdem wird auch das Urteil über den Wert beider Überlieferungen und über den Inhalt und die Fassung des Vertrages verschieden ausfallen. Auch ist es nicht ohne Bedeutung, ob in jener von C und D benutzten venezianischen Urkundensammlung Verunechtungen zum Vorteil der Venezianer anzunehmen sind. — Andere Einwendungen gegen Fanta hat Lenz geltend gemacht: Der Übergang Venedigs von faktischer zu nomineller Abhängigkeit von Byzanz, Byzantin. Zeitschrift (1894) 3, 64 ff. 112 ff.

dann, nach dem ursprünglich die Höhe der Verkehrsabgaben sich richtete, trat ein fester, für beide Parteien gleicher Ansatz [1]. Das Zugeständnis gegenseitiger Verkehrsfreiheit endlich war zuerst ganz allgemein gefasst. Den Venezianern war sie zu Lande, den kaiserlichen Untertanen auf dem Meere zugesagt [2]. Später ist es bestimmter abgegrenzt [3], indem sie für die Venezianer zu Lande innerhalb des regnum, für die kaiserlichen Untertanen zu Meere nach Venedig gelten soll [4]. Was also Handelsfreiheit und Verkehrsgebühren anlangt, so war der venezianische Kaufmann seinem Nachbar im regnum gleichgestellt, und dabei ist es lange Zeit geblieben [5].

Erst unter Heinrich IV. tritt hierin eine Änderung zu Gunsten Venedigs ein. Es war zu Ausgang des elften Jahrhunderts, als er in seiner höchsten Bedrängnis auf den äussersten Osten Oberitaliens eingeengt war. Er kam damals nach Venedig, hob eine Tochter des Dogen aus

---

[1] Pactum Lothar I.: De ripatico vero et transituris fluminum stetit, ut secundum antiqaam consuetudinem debeamus tollere per portus nostros et flumina et nullum gravamen vel violentiam fatiamus; et si factum fuerit [et] ad nostram notitiam pervenerit ab eis fatiamus exinde iustitiam facere.

Pactum Otto II.: De ripatico autem: secundum antiquam consuetudinem pars parti observetur omnem quadragesimum (nach C und D). — Karl III. hat dem Dogen Johann II. Partecipazio Abgabenfreiheit für sich und seine Erben bewilligt. Dieses Zugeständnis ist später von Wido auch auf die Nachfolger des Dogen ausgedehnt worden. Rudolf und Hugo bestätigen es für den Dogen, seine Erben und seine „negociatores". Seit Otto I. ist von einer solchen Ausnahmestellung des Dogen keine Rede mehr.

[2] PL I.: Et homines vestri licentiam habeant per terram ambulandi vel flumina transeundi, ubi voluerint: similiter et homines nostri per mare.

[3] PO II.: Et licentiam habeant homines ipsius ducis ambulandi per terram sive per flumina tocius regni nostri; similiter et nostri per mare ad vos.

[4] Anders Fanta p. 64 f., dessen — zum Teil durch Pertz (Archiv für ältere deutsche Geschichtskunde 3, 599) beeinflusste — Auffassung ich für unrichtig halte.

[5] Gegenüber der jetzt allzu einseitigen Betonung der den Venezianern aus den Verträgen mit den Kaisern erwachsenen Vorteile erscheint es angemessen, auch diesen Gesichtspunkt hervorzuheben.

der Taufe, und erneuerte den Vertrag seiner Vorgänger. Zum Vorteil der Venezianer wurde die Verkehrsfreiheit der kaiserlichen Untertanen jetzt beschränkt. Ein kleiner, aber wichtiger Zusatz besagt, sie solle fortan für ihren Verkehr zu Meere „bis" nach Venedig „und nicht weiter" gelten [1]. Man darf diese Bestimmung nicht dahin auslegen, dass ihnen damit „der Handel auf dem Meere nur in so weit gestattet worden sei, als er über Venedig ging" [2]. In diesem Falle wäre ihre commercielle Unterordnung unter Venedig im Princip bereits entschieden gewesen. Wörtlich genommen bedeutet der Zusatz nur, dass der freie Verkehr bis nach Venedig gestattet ist, aber nicht darüber hinaus. D. h. erst auf venezianischem Gebiete ist er aufgehoben. Es ist mithin lediglich das Stapelrecht, das Venedig damals erworben hat.

Noch eine andere Vergünstigung hat Venedig später erlangt. Als Friedrich I. den von ihm bereits 1154 bestätigten Vertrag nach dem Frieden von Venedig erneuerte, leistete er seines Teils Verzicht auf die von den Venezianern bisher entrichteten Verkehrsabgaben, und zwar galt dieser Verzicht für das ganze Reich und alles in Zukunft zu erwerbende Gebiet. Den Venezianern dagegen blieb das Recht, jene Abgaben zu erheben, nach wie vor [3].

Doch ist dies Zugeständnis tatsächlich minder bedeutsam als es zunächst erscheint. Durchführbar war es nur, wo der Kaiser noch unmittelbar gebot: wie denn z. B. im zwölften Jahrhundert noch eine Reihe kaiserlicher Zoll-

---

[1] K. F. Stumpf-Brentano, Die Reichskanzler des 10. 11. und 12. Jahrhunderts (1865—1883) reg. 2924, Mon. Germ. Constit. I nr. 72 p. 121: „similiter et nostri *usque* ad vos *et non amplius.*"

[2] So Fanta p. 52 und 66.

[3] Stumpf reg. 4210, MG. Constit. I nr. 274 p. 374: Ripaticum autem et quadragesimum Venetis detur secundum antiquam consuetudinem. Ipsi vero Veneti per totum inperium et per totam terram, quam vel nunc habemus vel in posterum auctore Deo habituri sumus, liberi sint ab omni exactione et dacione. Vgl. Baer, Die Beziehungen Venedigs zum Kaiserreiche in der staufischen Zeit (1888) p. 58, der jedoch den Wert dieser Bewilligung entschieden überschätzt, ferner Stumpf reg. 4226, Constit. I nr. 273 p. 373.

stätten am Po bestanden[1]. Im übrigen aber ist die völlige Abgabenfreiheit der Venezianer schwerlich anerkannt worden. Vielmehr treten nun für den Verkehr Venedigs mit den mittlerweile zur Selbständigkeit gelangten italienischen Städten in immer steigender Zahl Sonderverträge ein. Überhaupt aber hat sich die commercielle Vorherrschaft Venedigs im wesentlichen unabhängig von den kaiserlichen Privilegien entwickelt.

Sie beginnt ursprünglich damit, dass die nächst benachbarten Gebiete, commerciell ganz und gar auf Venedig angewiesen, seinem tatsächlichen Übergewicht in der einen oder andern Weise sich fügen müssen. Man bemerkt dies bereits im zehnten Jahrhundert bei den Marken Istrien und Verona. Capo d'Istria schliesst 932 einen Vertrag mit Venedig, in dem es auf Lebzeiten des Dogen „honoris causa" jährlich hundert Amphoren Wein zu entrichten verspricht[2]. 977 wird diese Verpflichtung in eine dauernde verwandelt, gleichviel ob die Mark Istrien sich in Frieden oder Krieg mit Venedig befinde, und den Venezianern ausserdem völlige Abgabenfreiheit zugesichert[3]. In den

[1] Kaiserliche Nuntien zur Erhebung der Zölle auf dem Po in Ferrara, Ficarolo, Governolo, Guastalla, Scorzerolo und Luzzara. L. A. Muratori, Antiquitates Italicae medii aevi (1738 ff.) 4, 68, Urk. von 1159 vgl. Ficker, Forschungen zur Reichs- und Rechtsgeschichte Italiens (1868 ff.) II 186 § 295.

[2] Bezgl. der Drucke vgl. Cipolla, Fonti edite della storia della regione Veneta dalla caduta dell' impero Romano sino alla fine del secolo X. Monumenti storici pubblicati dalla R. Deputaz. Ven. sopra gli studi di storia patria. Miscellanea vol. II nr. 132 p. 89. Nach Monticolo, La cronaca del diacono Giovanni e la storia politica di Venezia sino al 1009 (1882) p. 119 hätte die Gegenleistung in der Abgabenfreiheit der Einwohner von Capo d'Istria in Venedig bestanden; aber die Urkunde enthält nichts hiervon.

[3] Vgl. Cipolla, Fonti nr. 193 p. 96, dazu Hirsch, Jahrbücher Heinrichs II. (1862) 1, 171 n. 3. Zweifelhaft ist folgende Bestimmung der Urkunde: „Hec cuncta, ut supra continet, omnibus profuturis temporibus observare et adimplere promittimus absque iussione imperatoris". Monticolo a. a. O. p. 128 übersetzt „anche se l'imperatore ordinasse altrimenti", und schliesst daraus, offenbar sei Venedig durch diesen neuen Vertrag recht eigentlich die Herrin von Capo d'Istria geworden. Indessen dürften die Worte: absque iussione imperatoris vielmehr den Sinn einer Salvationsclausel haben.

Gebieten des Patriarchen von Aquileja [1] und der Bischöfe von Treviso [2] und Ceneda [3] begegnen uns seit dem Ausgang des neunten Jahrhunderts venezianische Handelsfactoreien, die mit wichtigen Vorrechten ausgestattet sind. Besonders der Doge Peter II. Orseolo hat sich die Ausbreitung des venezianischen Einflusses in dieser Richtung angelegen sein lassen. Sehr förderlich war ihm hierbei, dass er zu Otto III. in den freundschaftlichsten Beziehungen stand [4]. Noch ist eine Urkunde dieses Herrschers vorhanden, worin er dem Dogen gestattet, zur Abhaltung von Märkten drei Hafenplätze an den Flüssen Sile und Piave anzulegen [5]. Am besten erhellt die Art der Machtstellung, die Venedig damals zu Ende des zehnten Jahrhunderts einnahm, aus dem Verfahren, das derselbe Doge in einem Zerwürfnis mit dem Bischof Johann von Belluno einzuschlagen für gut hielt [6]. Der Bischof weigerte sich, ein Stück streitigen Gebietes bei Città-nuova herauszugeben, das sich Peter gleich nach seinem Regierungsantritt von Otto III. hatte zuerkennen lassen. Zunächst suchte der Doge die Vermittlung des Herzogs von Verona nach; als er auf diesem Wege nichts erreichte, wandte er sich an Otto III., dessen Boten indess der eigenmächtige Bischof nicht einmal vor sich liess. Erst jetzt entschloss sich Peter zur Selbsthilfe, versicherte sich aber zuvor der

[1] Urk. von 880 bei Ughelli, Italia sacra ed. Coleti (1717 ff.) 5, 41.

[2] Urkunde von 1000—1001 Ughelli-Coleti Italia sacra 5, 507 vgl. Kohlschütter, Venedig unter dem Herzog Peter II. Orseolo 991—1009 (1868) p. 31 f., 70. Bresslau, Jahrbücher Konrads II. (1879) 1, 155 macht es wahrscheinlich, dass dieses Abkommen eine Erneuerung älterer Verträge war, die von Reichswegen anerkannt und schon zur Zeit Berengar I. und noch unter Heinrich II. in Kraft waren.

[3] Verträge von 997 und 1001 Ughelli-Coleti 5, 177 vgl. Kohlschütter p. 30, 31.

[4] Vgl. darüber im allgemeinen Kohlschütter a. a. O.

[5] DO III. nr. 192 p. 600.

[6] Vgl. Kohlschütter p. 23 ff., Pellegrini, Ricerche sulla condizione di Belluno e specialmente del vescovo Giovanni II. (1870) p. 21 ff., Monticolo a. a. O. p. 133.

Zustimmung des königlichen Boten, und verhängte dann über die Marken Istrien und Verona die Handelssperre. Der Erfolg war, dass binnen Jahresfrist der Bischof sich zur Nachgiebigkeit gezwungen sah. Doch fand der Doge es geraten, den Besitz des streitigen Gebietes sich noch einmal ausdrücklich von Otto III. bestätigen zu lassen[1]. Man darf hier wohl an den Ausspruch eines Zeitgenossen erinnern, dass Venedig unter der Herrschaft Peters II. alle benachbarten Gebiete an Ansehen und Reichtum überflügelt habe[2].

Auf solcher Höhe aber hat sich Venedig bei den Erschütterungen, die es in der Folge durchzumachen hatte, schwerlich erhalten können. Als bald nach Peters Tode innere Wirren ausbrachen, die den Sturz seines Geschlechtes herbeiführten, geriet die Unabhängigkeit des Staatswesens auch nach aussen hin in Gefahr[3]. Grado, der von Peter II. aufs stärkste befestigte Sitz des venezianischen Patriarchats, wurde von dem Patriarchen von Aquileja durch Verrat und List in seine Gewalt gebracht; er konnte es freilich nicht lange behaupten. Viel bedenklicher war, dass er den alten, aber schon lange ruhenden Streit über die Selbständigkeit des venezianischen Patriarchats von neuem anregte. Erst nach der Mitte des elften Jahrhunderts ist die Entscheidung endgiltig zu Gunsten Venedigs ausgefallen[4]. Auch Konrad II. wurde,

[1] DO III. nr. 308 p. 734, Bestätigung von nr. 165 p. 577.

[2] Joh. Diaconus, Mon. Germ. SS. 7, 29, Monticolo, Cronache Veneziane antichissime (Istituto storico Italiano, Fonti per la storia d'Italia Nr. 9) (1890) p. 149: Iste nempe patriae comoda non modo in priscum consolidando reduxit statum, verum in tantum rem publicam auxit, ut suis temporibus Venecia prae omnibus finitimarum provinciis decore et opulentia sublimata diceretur. — Bezeichnend ist auch das Verhalten des Dogen bei dem berühmten Besuche Otto III. in Venedig. Joh. Diac. MG. 7, 34. Monticolo, cron. Ven. ant. p. 163.

[3] Vgl. die eingehende Erörterung bei Bresslau, Jahrb. Konrads II. 1, 150 ff., dazu Excurs 6, ebenda p. 456 ff.

[4] 1053 unter Leo IX. Jaffé-Löwenfeld, Regesta Pontificum Romanorum (1888) nr. 4295, Steindorff, Jahrbücher Heinrichs III. (1881) 2, 235. Die Nachricht Dandolos, Muratori R. I. S. 12, 244 von einem Besuche Leos IX.

als er in Italien erschien, von dem Patriarchen gegen die Venezianer eingenommen. Er erklärt später einmal, sie seien alle Zeit seiner Herrschaft feindlich gewesen, und demgemäss unterliess er es, den Vertrag seiner Vorgänger mit Venedig zu erneuern, und kassierte obendrein ihre Besitzungen und Gerechtsame auf dem Festland. Wann und wie ein friedliches Verhältnis wiederhergestellt worden ist, entzieht sich unserer Kenntnis. Wir wissen nur, dass Heinrich III. noch zu Lebzeiten seines Vaters, Venedig, anscheinend in einer politischen Mission, einen Besuch abgestattet hat [1]. Als Herrscher hat er dann die alten Verträge bestätigt [2]. Auch was aus jenen venezianischen Handelsstationen geworden ist, die zu Peters II. Zeit teils in Betrieb, teils jedenfalls projektiert waren, ist völlig dunkel [3]. Denn es fehlt für das elfte Jahrhundert durch-

---

in Venedig wird bestätigt durch eine Notiz in einer aus Venedig stammenden Handschrift der Historia mortis et miraculorum Leonis IX., Acta SS. April. 2, 665 ff., wiederholt bei Watterich, Pontif. Romanorum vitae (1862) 1, 170–177.

[1] Siehe Bresslau, Jahrb. Konrads II. 1, 155; 2, 260 ff. Die Erklärung Konrads in der Urkunde Stumpf reg. 2053; die betreffende Stelle selber aus besserer Überlieferung bei Bresslau, a. a. O. 2, 263 n. 6.

[2] Dandolo, Mur. R. I. S. 12, 245: Hic dux (Dominicus Contarenus) ab Henrico augusto approbationem foederis quod pater eius renuerat, per Dominicum Sylvo et Bonum Dandulo legatos suos obtinuit. Eine abweichende Überlieferung findet sich in der kleinen Chronik Dandolos, Marciana cod. 296 cl. 10 lat. fol. 11: Dominicus Flabanico (der Vorgänger Contarinis, der nach der kleinen Chronik 1031—1043, nach der gewöhnlichen Annahme 1032—1042 regiert hat) ex postulatione clarissimorum civium suorum Boni Dandolo et Vitalis Faletro ab Henrico tercio imperatore Conradi imperatoris filio renovationem antiquarum libertatum obtinuit. Der Vertrag selbst ist nicht erhalten. Die gegenteilige Angabe Cappellettis, Storia di Venezia 1, 361 und Monticolos, Bullettino dell' Ist. stor. Ital. 9, 294, wonach das Privileg sich im cod. Trevisan. fol. 149r befände, beruht auf einem Irrtum. Die dort überlieferte Urkunde ist vielmehr Stumpf reg. 2156 für Aquileja.

[3] Allenfalls wäre zu erwähnen, dass der Hafenplatz Pilo im Gebiet des Patriarchen von Aquileja, an dem schon im neunten Jahrhundert eine venezianische Factorei bestand, auch im elften sich lebhaften Verkehrs erfreute. In der Dotationsurkunde für sein Domkapitel von 1131 bei Ughelli-

aus an Angaben, die uns über das Verhältnis Venedigs zu den einzelnen Gebieten des italienischen regnum genauer unterrichteten[1]. Nur ganz zufällig erfährt man,

Coleti 5, 51 weist Patriarch Poppo den Kanonikern „triginta stationes in foro Aquilejae et in portu Piri viginti" zu „ad servitium vel utilitatem".

[1] Die auffallende Erscheinung, dass für die venezianische Geschichte des zehnten Jahrhunderts die urkundliche Überlieferung so ungleich reicher fliesst als für die des elften, findet ihre Erklärung in dem Umstand, dass weitaus die meisten Urkunden des zehnten Jahrhunderts in dem codex Trevisaneus erhalten, hier aber durchweg aus einer älteren verlorenen Urkundensammlung abgeschrieben sind, auf die der Compilator des Codex mit der Abkürzung „Eg" oder „Egn" und mit der Angabe der entsprechenden Blattzahl zu verweisen pflegt. Und zwar muss diese Sammlung, nach den Abschriften im cod. Trevis. zu urteilen, an Urkunden des zehnten Jahrhunderts besonders reich gewesen sein.

Allein nicht bloss der Compilator des cod. Trevis. hat sich ihrer, wie es scheint, bedient. Eine Anzahl von Urkunden nämlich, die sowohl im cod. Trevis. wie im liber Blancus und liber Albus überliefert sind, gehen, wie die bereits erwähnten Untersuchungen Fantas und Monticolos dargetan haben, auf eine gemeinsame Quelle und zwar auf eine Urkundensammlung zurück. Da aber die betreffenden Urkunden des cod. Trevis. aus der mit dem Vermerk „Eg" bezeichneten Sammlung entnommen sind, so ist dieselbe wohl identisch mit jener, welche bei der Eintragung der entsprechenden Urkunden im liber blancus und liber albus vorgelegen hat.

Bekanntlich ist nun die Anlage dieser beiden offiziellen Urkundenbücher auf Dandolos Anregung hin erfolgt. In seinen Annalen aber hat er zahlreiche Urkunden verwertet, die uns heute nur noch in dem erheblich später entstandenen cod. Trevis. vorliegen, hier aber gleichfalls aus jener verlorenen Urkundensammlung copiert sind. Wenn diese nun, wie man annehmen darf, auch schon im liber blancus und liber albus benutzt worden ist, so liegt die Vermutung nahe, dass Dandolo auch in den Annalen von ihr Gebrauch gemacht hat. *Wir hätten in ihr demnach eine der wichtigsten Quellen der heutigen Überlieferung zu erblicken.*

Andrerseits lässt sich feststellen, dass sie nicht vor der Mitte des zwölften Jahrhunderts entstanden sein kann. Denn nach dem cod. Trevis. fol. 90 befand sich auf fol. 126 jener Sammlung folgender Eintrag: „Tempore gloriosi ducis Petri Pollani (der bis 1148 regiert hat) pro expeditione sex gallearum quas misimus ad imperatorem, Adalardo de Castello fecit se pactualem, iuravit et dedit suum decimum."

Was endlich, um diese nah verwandte Frage hier noch zu berühren, die oft erörterte Entstehungszeit der ältesten noch vorhandenen offiziellen Urkundensammlung, des liber primus Pactorum, anlangt, so halte ich gegen Monticolo (Bull. dell' Ist. stor. It. 9, 204 ff. und Spigolature d'archivio, Nuovo arch.

dass Capo d'Istria den jährlichen Zins von hundert Krügen Weines nach wie vor geleistet habe. Als 1074 das Patriarchat Grado neu ausgestattet wird, da wird ihm u. a. auch diese nach alter Gewohnheit alljährlich fällige Einnahme zugewiesen [1].

Erst seit dem zwölften Jahrhundert sehen wir Venedig wieder im östlichen Oberitalien eingreifen. 1101 unterstützt es die Gräfin Mathilde, als sie das aufständische Ferrara zu erobern sucht [2]. 1107 hat, wie die Venezianer Annalen berichten, Venedig ganz allein mit Treviso, Padua und Ravenna im Kampfe gelegen [3]. Indessen zeigt eine freilich

Veneto (1892) 3, 375), der sich im Anschluss an andere Forscher wieder für den Ausgang des dreizehnten Jahrhunderts ausgesprochen hat, mit Pertz (Archiv für ält. d. Geschichtskunde 3, 618) und Bethmann (ebenda 12, 631) für den Beginn der Abfassung wenigstens an den ersten Jahrzehnten jenes Jahrhunderts fest. Die auf die Anlage des Buches im einzelnen bezüglichen Bemerkungen Bethmanns und Monticolos bedürfen eingehender Berichtigung. Neben dem liber primus Pactorum aber hat im dreizehnten Jahrhundert noch eine andere offizielle heute verlorene Urkundensammlung bestanden, deren Existenz bisher unbekannt geblieben ist. In den Atti sciolti busta 4 nr. 59 im venet. St.-A. befindet sich ein Vertrag Venedigs mit Mantua von 1274 Sept., von dem Minotto, Acta et Diplomata e R. Tabulario Veneto (1873) III 1, 68 ein kurzes Regest gegeben hat. Die betreffende Urkunde ist laut nachfolgenden Vermerks des Schreibers ein Transsumpt vom Jahre 1276 und zwar: „de libro communis Venecie, in quo pacta scribuntur que commune Venecie cum aliis terris faciunt.“ Da der Vertrag im lib. primus Pact. nicht vorliegt, so bezieht sich die Bemerkung offenbar auf eine andere Sammlung. Überhaupt scheint die Anlage offizieller Sammlungen von Staatsurkunden in den italienischen Städten auf die erste Hälfte des dreizehnten Jahrhunderts zurückzugehen. Z. B. in Florenz 1215/16 vgl. Davidsohn, Forschungen zur älteren Gesch. von Florenz (1896) p. 144, und in Genua 1229, Liber conventionum, zusammengestellt auf Anordnung des Podestà, vgl. Lib. Iur. Reipubl. Genuensis 1, 871 nr. 681, Caro, Die Verfassung Genuas zur Zeit des Podestats (1891) p. 55.

[1] Muratori, Ant. It. 1, 243 und Cicogna, Delle iscrizioni Veneziane (1824 ff.) 4, 290. Man tut gut, die beiden vielfach von einander abweichenden Drucke zu vergleichen. Eine Copie von 1223 befindet sich im St.-A. Ven. Manimorte, San Giorgio Maggiore busta 27.

[2] vgl. Overmann, Gräfin Mathilde von Tuscien (1895) p. 169 reg. nr. 69b, dazu Chron. parv. Ferrar. Mur. R. I. S. 8, 480.

[3] Ann. Venetici breves, MG. SS. 14, 70: Anno domini 1107 wera fuit inter solam Veneciam et Ravennam et Paduam et Tervisum.

nur als Fragment erhaltene Urkunde, dass Venedig bei Verona Hilfe gefunden und mit dieser Stadt gleichzeitig einen Handelsvertrag vereinbart hat [1]. 1110 sodann steht es wiederum mit Padua in Fehde [2]. Noch sind es rasch vorübergehende Streitigkeiten ohne allgemeineres Interesse, und nichts deutet darauf hin, dass Venedig dabei irgend ein bestimmtes Ziel planmässig verfolgt habe.

2. Venedig und Dalmatien.

Ganz anderer Art nun waren die Beziehungen, die sich inzwischen zu den romanisch-slavischen Landschaften an der Ostküste der Adria herausgebildet hatten. Staatsrechtlich zu Byzanz gehörig, waren die romanischen Inseln und Küstenstädte Dalmatiens im neunten Jahrhundert mit Zustimmung des oströmischen Herrschers den benachbarten Slaven zinspflichtig geworden [3]. Auch Venedig befand sich, wie bekannt, in dem gleichen Falle. Da war es dann das grosse Verdienst des Dogen Peter II. Orseolo, dass er zuerst den üblichen Tribut verweigerte und für die Belästigung seiner Untertanen Genugtuung nahm, indem er Lissa besetzen und Geiseln wegführen liess [4].

---

[1] St.-A. Ven. Ducali ed atti diplomatici busta 4, Vertrag mit Verona von 1107 Mai, der älteste unter den erhaltenen.

[2] Ueber die Kämpfe mit Padua finden sich die ausführlichsten annalistischen Notizen im lib. Pact. primus fol. 166 v (St.-A. Ven) zu 1110, 1142, 1214, vgl. Gloria, Codice diplomatico Padovano (1877 ff.) 2, 326 nr. 440; ferner: La cronique des Veniciens de Maistre Martin da Canal, Archivio Stor. Italiano (1845) 8, 296; Dandolo, Mur. R. I. S. 12, 263; Estratti dalla cronaca di Marco, Arch. Stor. Ital. (1845) 8, 259; Historia Ducum, MG. SS. 14, 96. Dandolo combiniert die Nachrichten von 1207 und 1210 und lässt Heinrich V. zwischen Padua und Venedig Frieden stiften.

[3] Vgl. Dümmler, Älteste Geschichte der Slaven in Dalmatien, SB. der Wiener Akademie 20, 404 ff. Huber, Geschichte Oesterreichs (1885) 1, 319 ff. Vassilich, Due tributi delle isole del Quarnero, Archeografo Triestino 11, 297—343.

[4] Vgl. Hirsch, Jahrb. Heinrichs II. 1, 168 ff. Kohlschütter p. 36 f. Monticolo, La cronaca del diac. Giovanni p. 135.

Sein Auftreten machte Eindruck. Von ihren slavischen Nachbarn gleichfalls bedrängt, bot die romanische Bevölkerung Dalmatiens dem Dogen freiwillig ihre Unterwerfung an. Bisher hatte, wenn unser Gewährsmann Johannes Diaconus recht berichtet, nur Zara in einer gewissen Abhängigkeit von Venedig gestanden [1]. Als nun im Frühling des Jahres 1000 der Doge mit der venezianischen Flotte erschien, da huldigten ihm die geistlichen und weltlichen Obrigkeiten sowohl der vorliegenden Inseln Arbe, Ossero und Veglia, wie der Küstenstädte Zara, Belgrad, Trau, Spalato und Ragusa, und versprachen ihm und seinen Nachfolgern Treue zu bewahren. Auch der kroatische König sckickte Gesandte mit einer Friedensbotschaft; der vertriebene Bruder des Königs gab seinen Sohn als Geisel. Die Narentaner verzichteten ausdrücklich auf ferneren Tribut. Ausser Curzola wurde auch das Raubnest Lagosta rasch und glücklich erobert. Es war ein ausserordentlicher Erfolg, der im ganzen weniger dem Aufgebot an Machtmitteln als der überragenden Persönlichkeit des Führers verdankt wurde. Seit jenem Zuge hat der Doge von Venedig seinem Titel „und von Dalmatien" hinzugefügt [2].

Auch die Vermählung mit dem Meere, alljährlich am Himmelfahrtstag, das glänzendste von den Festen, die Venedig zu Ehren politischer Erinnerungen gefeiert hat, soll nach einer verbreiteten Überlieferung ursprünglich auf dies Unternehmen gegen Dalmatien zurückgehen [3]. Und gewiss ist, dass die Ausfahrt Peters II. an jenem Tage stattfand. Allein, wo zum ersten Mal des Festes Er-

---

[1] Joh. Diac. MG. 7, 31. ed. Monticolo p. 155.

[2] Auch Kaiser und Papst geben ihm diesen Titel. Urk. Heinrich II., Stumpf reg. 1333, MG. Constit. I nr. 27 p. 57. Brief Silvester II. an den Dogen, Bibl. de l'école des chartes 50, 568.

[3] Man vergleiche z. B. ausser Hirsch und Kohlschütter noch Cicogna, Iscr. Venez. 4, 576, Molmenti, la vie privée à Venise, zweite französ. vom Verfasser berichtigte Ausgabe (1895) 1, 77.

wähnung geschieht [1], um die Wende des dreizehnten und vierzehnten Jahrhunderts, da wird es als eine durch ein Privileg Alexanders III. eingeführte Verherrlichung jenes fabelhaften Seesiegs bezeichnet, den die Venezianer am Himmelfahrtstag des Jahres 1177 über den Hohenstaufen Otto, den Sohn Friedrichs I., angeblich davontrugen [2].

In der Tat pflegt die Bedeutung dieser ersten Unterwerfung Dalmatiens bei weitem überschätzt zu werden. Venedig, sagt man, sei damit die Herrin der Adria geworden [3], oder wenigstens, es habe diese Stellung seitdem angestrebt [4].

---

[1] Die Urkunden bei Corner, Ecclesiae Venetae (1749) 9, 60 f. und Ughelli-Coleti 5, 1245, auf die man für die Feier des Sposalizio im zwölften Jahrhundert sich beruft, enthalten z. T. nichts darüber, z. T. gehören sie in viel spätere Zeit. Die übliche, aber irrige Ansicht auch bei Ranke, Weltgeschichte 8, 201.

[2] Marcus p. 262: Adhuc (summus pontifex) fecit graciam soli Venecie et non alibi de officio quot solummodo faciebant Romani et non in alia parte mundi, videlicet de officio in die ascensionis et beneditio mari cum letaniis factas per sacerdotes et etiam de annulo sponsacionis quod dux prohicit in mari in illa die.“ Speculum Paulini (bezgl. der Litteratur vgl. Simonsfeld, Bemerkungen zu der Weltchronik des Frater Paulinus von Venedig, Bischofs von Pozzuoli, Deutsche Zeitschrift für Geschichtswissenschaft (1893) 10, 120 ff.) bei Muratori, Ant. Ital. 4, 981: Igitur contra Ottonem imperatoris filium venientem cum galeis LXXV proficiscenti Sebastiano Venetorum duci cum galeis non amplius XXX papa ensem splendide ornatum tamquam ecclesiae pugili dedit, quem Veneti duces ante se portari de cetero faciant in signum praedicti honoris. Et quum processissent Veneti per milliaria quinquaginta, de Christi auxilio confidentes [in sancto ascensionis die] stolum imperatoris aggressi victoriam obtinuerunt et imperatoris filium Venetias perduxerunt. Tunc summus pontifex gratias deo agens anulum duci porrexit, dicens: Te, fili, dux, tuosque successores aureo anulo singulis annis [in die ascensionis] mare desponsare volumus, sicut vir subiectam sibi desponsat uxorem, [cum vere ipsius custos censearis], quia ab infestationibus nostris mare taliter [infestatum] quietasti. Diese Stelle des Paulinus hat dann Dandolo in seinen Annalen Mur. R. I. S. 12, 302 f. wörtlich ausgeschrieben. Wahrscheinlich hat schon Martin da Canale diese Tradition gekannt; leider weist die einzige bis jetzt bekannte Handschrift auf der Riccardiana an der entsprechenden Stelle eine grössere Lücke auf. Vgl. Arch. stor. Ital. (1845) 8, 312.

[3] Kohlschütter p. 44, Heyd, Geschichte des Levantehandels im Mittelalter, erweiterte französische Ausgabe (1885) 1, 115.

[4] Hirsch, Jahrb. Heinrichs II. 1, 168.

Dass nun dem übrigen Italien gegenüber bis ins zwölfte Jahrhundert hinein keine Spur davon nachweisbar ist — von der commerciellen Abhängigkeit der nächst benachbarten Gebiete abgesehen — haben wir bereits festgestellt. Aber auch in Dalmatien selbst hat sich die venezianische Herrschaft zunächst nicht behaupten können [1]. Es ist hier freilich einigermassen schwierig, den wirklichen Sachverhalt zu ermitteln, da die Quellen dürftig und zum Teil unzuverlässig sind. Insbesondere die venezianische Überlieferung ist im vierzehnten Jahrhundert im Sinn und zur Verteidigung actueller politischer Interessen planmässig überarbeitet und zurechtgestutzt worden. Venedig lag damals nämlich mit Ungarn im Streit über Dalmatien, und man hat nun versucht, die bessere Berechtigung der venezianischen Ansprüche aus der Geschichte zu begründen [2]. Wenn daher eine erst in diesem Zusammenhang auftretende Nachricht besagt, Venedig habe die Herrschaft über Dalmatien „mit Erlaubnis der griechischen Kaiser“ als der früheren Herrscher des Landes angenommen, so klingt das nicht eben glaubwürdig. Unbestreitbar dagegen ist, dass Venedig an dem durch die erste Unterwerfung erworbenen Anspruch auch in der Folge festgehalten hat. Der Nachfolger Peters II. Orseolo, sein Sohn Otto, hat noch einmal kurz vor der Katastrophe seines Hauses die dalmatischen Inseln zur Anerkennung der venezianischen Herrschaft und zur Entrichtung einer jährlichen Abgabe verpflichtet [3]. Dann ver-

[1] Namentlich hat das wichtige Ragusa später ausserhalb der venezianischen Machtsphäre gelegen und ist erst 1171 wieder vorübergehend unter venezianische Herrschaft gekommen.

[2] Vgl. die Beilage.

[3] Urkunden von 1018 Juli und August von Arbe, Veglia, Ossero und Caisolo; mehrfach, aber fehlerhaft gedruckt z. B. bei Rački: Documenta Historiae Chroaticae periodum antiquam illustrantia in den Monumenta spectantia historiam Slavorum meridionalium vol. 7 (1877) nr. 24—27 p. 32 ff. In der Urkunde für Caisolo ist bei den Worten: „fidelibus facere debeamus quod plus citius poterimus“ nach „debeamus“ einzuschieben „et si alii damnum facere voluerint ad vestram gentem, tunc scire eos facere debeamus [quod plus“ nach cod. Trevis. fol. 145r. Die von Rački p. 36 geäusserten Zweifel

lautet erst wieder einige Jahrzehnte später über ein Eingreifen Venedigs: der Doge Domenico Contarini eroberte um die Mitte des Jahrhunderts aus unbekannten Gründen Zara [1].

In Dalmatien selbst aber betrachtete man sich damals als zum griechischen Reiche gehörig [2]. Die einzelnen Städte standen unter der Leitung von Prioren, die an den Rat und die Zustimmung des Bischofs und der vornehmen einheimischen Geschlechter gebunden waren, aus deren Mitte sie hervorgingen [3]. Das Amt des Priors aber war kein lebenslängliches, sondern wurde auf eine Reihe von Jahren übertragen, zuweilen an den früheren Inhaber [4]. In Zara ist es wiederholt im Besitz von Mit-

---

an der Echtheit dieser Urkunde sind durchaus unbegründet. Vgl. Bullettino di Archeologia e Storia Dalmata (1872) 2, 90. Die Angabe, dass ein Einfall Cresimirs den Dogen zu seinem Schritte veranlasst habe, ist m. E. eine willkürliche Combination Dandolos, Mur. R. I. S. 12, 236 nach Thomas von Spalato Historia Salonitana cp. 14 bei Lucius: De Regno Dalmatiae et Croatiae (1666) p. 321. Die neueste Ausgabe des Thomas in den Mon. spect. hist. Slavor. meridion. (1894) war mir nicht zugänglich.

[1] Ann. Ven. breves, MG. 14, 70 und Martin da Canale p. 293 zu 1062; Dandolo, Marc. cod. Zanetti 400 und Marcus, Marc. cod. 124 cl. 11 ital. zu 1050. Vgl. Simonsfeld im Neuen Archiv für ält. d. Geschichtskunde 1, 402 n. 7. Die Nachricht Dandolos Mur. 12, 244, dass Salomo von Ungarn Zara zur Empörung bestimmt habe, ist, wie schon Lucius: De Regno Dalmatiae etc. p. 82 bemerkt hat, aus chronologischen Gründen unhaltbar. Der Widerspruch Büdingers, Ein Buch ungarischer Geschichte 1058—1100 (1866) p. 23 n. 3 ist unbegründet, vgl. auch die Beilage.

[2] Die folgende Darstellung weicht von der gewöhnlichen Auffassung erheblich ab. Huber, Gesch. Österreichs 1, 321 nimmt seit der Unterwerfung der Küstenstädte unter Venedig im Jahre 1000 eine nur noch formelle Anerkennung der Oberhoheit des oströmischen Kaisers an. Indessen ist die venezianische Herrschaft in Dalmatien im elften Jahrhundert, wie die Urkunden zeigen, immer nur unmittelbar auf das Einschreiten Venedigs hin vorübergehend anerkannt worden, und so oft sie es wird, ist von einer formellen Anerkennung der griechischen Oberhoheit daneben nicht die Rede.

[3] Man vergleiche hierzu die bei Rački gesammelten Urkunden.

[4] Vgl. z. B. Rački nr. 134 p. 175 Urkunde von 1096 „Et idcirco ego Dragus, Jaderensis prior, nepos scilicet Dragoni magni prioris, iam senex, in quinto anno tercii mei prioratus.“

gliedern derselben Familie [1]. Daneben aber existiert, wenigstens dem Titel nach, eine byzantinische Statthalterschaft Dalmatien, und zwar ist es regelmässig der Prior von Zara, der den Titel eines kaiserlichen Statthalters für ganz Dalmatien führt [2]. Auch datiert man die Urkunden nach dem griechischen Herrscher.

Zugleich entwickelte sich nun aber ein eigentümliches Verhältnis zu Kroatien, indem das kroatische Königtum mit einem der vornehmen Geschlechter von Zara sich verschwägerte, eben mit demjenigen, dessen Mitgliedern wir wiederholt im Besitze des Priorats begegnen [3]. Ein Abkömmling nun aus dieser Verbindung, der König Peter Kresimir, führt seit 1059 auch den Titel eines Königs von Dalmatien, und man datiert jetzt die Urkunden nach dem griechischen und nach dem kroatischen Herrscher. Ja der kaiserliche Statthalter und Prior von Zara unterfertigt einmal als Zeuge eine Urkunde des kroatischen Königs von Dalmatien [4], ein Vorgang, der sich nur aus den persönlichen Beziehungen erklärt, die hier zu Grunde liegen.

Während nun in der Folge jene titulare byzantinische Statthalterschaft verschwindet, bleibt die Verbindung Dalmatiens und Kroatiens unter dem kroatischen Königtum bestehen, auch als es unter Gregor VII. Lehen des römischen Stuhles wird [5]. Als aber kurz vor

---

[1] Račkі nr. 53 p. 69 Urk. von 1067. Schenkung einer cella an S. Chrisogono in Zara durch „domnus Maius de Columna, Jaderensis prior" „Quod factum utique inconvulsum mansit tempore ipsius et eius nepotis. equidem nomine dicti domni Magii, Jaderensis similiter prioris, ac tempore filii huius secundi Magii domni Gregorii, imperialis prothospatharii et Dalmacię stratigi seu Jaderę prioris."

[2] Urkunden von 1036, 1060, 1067, 1069. In einer Urkunde von 1042? Rački nr. 37 p. 46 wird ein S(tephanus) banus, imperialis protospatarius genannt.

[3] Diese wichtige, bisher übersehene Tatsache ergiebt sich aus urkundlichen Zeugnissen, vgl. Rački nr. 50—52 p. 65 ff.

[4] Rački nr. 55 p. 74 Urk. von 1069.

[5] Rački nr. 87 p. 103, Urk. von 1076 October.

dem Ausgang des elften Jahrhunderts das kroatische Königtum erlischt, datiert man in Dalmatien wieder nach dem griechischen Kaiser[1]. Der Gedanke der Zugehörigkeit zum griechischen Reiche taucht so das ganze elfte Jahrhundert hindurch immer wieder auf.

Nun aber trat Venedig die Erbschaft des kroatischen Königtums an. Es hatte seine Ansprüche bereits unter einem der letzten Herrscher wieder in Erinnerung gebracht, als die Invasion einer auswärtigen Macht in Dalmatien drohte. Es schien, als ob die Normannen sich im Lande festsetzen könnten. Wir erfahren, dass im Spätherbst des Jahres 1075 ein Graf Amicus — vermutlich ist es Amicus von Giovenazzo — den kroatischen König gefangen nahm[2]. In diesem Augenblick tritt Venedig hier wieder auf den Schauplatz. Unmöglich konnte es dulden, dass die Normannen auf beiden Seiten der Adria Fuss fassten. Vom Februar 1076 liegt eine Collectivurkunde der Städte Spalato, Trau, Zara und Belgrad vor, worin sie „ihrem Herrn, dem Dogen von Venedig und Dalmatien" geloben, jede Verbindung mit den Normannen oder andern Fremden künftig als Hochverrat zu ahnden[3]. Indess jene Gefahr verschwand wieder; auch der Angriff Robert Guiscards auf das griechische Reich scheiterte, dessen Gelingen auch für Venedig unabsehbare Folgen nach sich gezogen

[1] Rački nr. 128, 131 p. 154, 159; 1091 und 1095.

[2] Rački nr. 83 p. 99: 1075 mense novembris ea tempestate qua comes Amicus regem Croacie cepit. Gegen die Ansicht, dass der comes Amicus, der den König gefangen nahm, ein Normanne gewesen, Büdinger p. 108 n. 2, unentschieden Huber p. 322 n. 3, dafür u. a. Rački p. 457 n. 8, Gfrörer, Byzantinische Geschichten (1872 ff.) 2, 235 und von Heinemann, Geschichte der Normannen in Unteritalien und Sicilien bis zum Aussterben des normann. Königshauses (1894) 1, 302 n. 4 und 5, wonach er mit Amicus von Giovenazzo identisch ist. Ein Stammbaum dieses Hauses bei Bresslau, Jahrb. Konrads II. 2, 503.

[3] Häufig, aber unzureichend gedruckt, auch bei Rački nr. 86 p. 101. Sie gehört zum Jahre 1076, und nicht, wie z. B. Romanin, Storia documentata di Venezia (1853) 1, 311 und von Heinemann a. a. O. p. 302 angeben, zu 1075.

hätte. Als nun das kroatische Königtum unterging, kam die Invasion von andrer Seite her. Im Jahre 1091 unterwarf Ladislaus von Ungarn das binnenländische Kroatien und setzte hier seinen Neffen Almus als König ein[1]. Die Küste blieb einstweilen unbehelligt. Aber über ein weiteres Vordringen bis zum Meere konnte kein Zweifel sein. Abermals sah sich Venedig einem gefährlichen Nebenbuhler gegenüber.

In diesen Jahren ist es gewesen, dass der Doge seinem Titel den eines Herzogs von Kroatien hinzugefügt hat[2]. Es lag darin ausgesprochen, dass die Verbindung Dalmatiens und Kroatiens nunmehr unter venezianischer Herrschaft fortdauern solle. Die venezianische Überlieferung des vierzehnten Jahrhunderts weiss hier zu berichten, dass die Einwohner beider Länder dem Dogen alle Gerechtsame übertragen, und dass Alexius I. ihm auf sein Ansuchen hin die Herrschaft mittels einer Goldbulle bestätigt habe, indem er ihm zugleich die Würde eines Protosebasten verlieh. Auch diese Nachricht aber unterliegt schweren Bedenken. Vermutlich war es die ungarische Eroberung Kroatiens, die den Dogen zu jenem Schritte veranlasst hat.

Wie dem auch sei, man hat in Venedig zunächst auf dem Wege der Verhandlung sich mit Ungarn zu verständigen gesucht. Wir besitzen darüber ein Schreiben König Kolomans an den Dogen Vitale I. Michiel, das undatiert anscheinend in den Anfang ihrer Regierung gehört[3]. Der Doge hatte brieflich und durch Gesandte bei

---

[1] Urk. aus Zara von 1091, Rački nr. 128 p. 154 „tempore quo Vladislaus, Pannoniorum rex, Chroacię invadens regnum domnum Almum suum nepotem in illo statuit regem"; dazu Thomas von Spalato cp. 17 bei Lucius p. 325.

[2] Urk. von 1094 bei Muratori R. I. S. 12, 251 und Romanin 1, 392. Für das folgende vgl. die Beilage.

[3] Bei Rački p. 479, auch bei Ljubić, Monumenta spectantia hist. Slav. merid. (1868) 1, 4 nr. 7, und bei Kukuljević, Codex diplomaticus regni Croatiae, Dalmatiae et Slavoniae (1874) 2, 1. Die einzige hs. Überlieferung im cod.

dem König um einen Friedensvertrag angehalten. Hierauf versicherte sich Koloman der Zustimmung seiner Grossen; dann wurde der Vertrag durch eidliche Bekräftigung beiderseits abgeschlossen. Sein Wortlaut ist in das Schreiben des Königs eingerückt. Der „König von Ungarn" gelobt darin, dem „Herzog von Venedig, Dalmatien und Kroatien" Freundschaft zu halten, und garantiert ihm die Integrität der ihm unmittelbar untertänigen wie der zur Obedienz verpflichteten Gebiete. In dem Briefe selbst entschuldigt er sodann das längere Ausbleiben eines Bescheids, und beglaubigt den mit weiteren Erklärungen beauftragten Überbringer. Ganz am Ende aber folgt ein eigentümlicher Vorbehalt. Der König äussert seinen und seiner Fürsten Zweifel darüber, ob er den Adressaten als Herzog von Dalmatien und Kroatien bezeichnen dürfe, und bittet im Interesse der Einhaltung des abgeschlossenen Vertrags, man möge sich zuvor über dies Bedenken verständigen. Die Adresse des Schreibens lautet in nicht misszuverstehender Weise: „an den Herzog von Venedig." Die Lage der Dinge, wie sie in diesem Augenblick beschaffen war, ist hiernach vollkommen deutlich. Venedig möchte gern mit Ungarn in Frieden bleiben, aber wenigstens im allgemeinen die Anerkennung seiner Ansprüche auf Dalmatien und Kroatien durchsetzen. Der König seines Teils ist dazu bereit, ratificiert auch einen in diesem Sinne abgefassten Vertrag, giebt aber gleichzeitig zu verstehen, dass der Vertrag toter Buchstabe bleiben werde, falls es nicht gelinge, eine befriedigende Vereinbarung über jene venezianischen Ansprüche zu treffen[1].

Trev. fol. 175 weicht beträchtlich von den Drucken ab. Der Brief wird gewöhnlich in den Beginn des zwölften Jahrhunderts gesetzt. Doch weist der Inhalt auf eine Zeit, wo Koloman in Dalmatien noch nicht Fuss gefasst hatte. 1097 aber war, wie wir gleich sehen werden, wenigstens Belgrad bereits in seinem Besitz.

[1] Dandolo Mur. 12, 259, der diesen Brief benutzt hat, macht aus dem Vertrage ein Bündnis gegen die Normannen. Hierüber und über die angebliche venezianisch-ungarische Expedition gegen Apulien vgl. die Beilage.

Man darf bezweifeln, ob es dazu gekommen ist. Nachrichten aus dem Jahre 1097 scheinen auf ein sehr gespanntes Verhältnis zwischen beiden Staaten hinzudeuten. Belgrad an der Küste war danach bereits ungarisch. Ferner war Koloman im Bunde mit Roger von Sicilien, dessen Tochter er gefreit hatte. Im Mai 1097 fuhr die Braut des Königs über die Adria, und landete in Belgrad, wo ein ungarisches Heer von 5000 Mann sie erwartete, um sie zum König zu geleiten [1]. In dem gleichen Monat aber finden wir venezianische Gesandte in den benachbarten Städten Trau und Spalato, die beide den Dogen ausdrücklich als ihren Herrn anerkennen — er wird von ihnen Herzog von Dalmatien und Kroatien genannt — und Spalato — die Trau betreffende Urkunde ist leider nur Fragment — verpflichtet sich, bei dem Erscheinen der venezianischen Flotte eine bestimmte Zahl von Schiffen zu freier Auswahl und Verfügung zu stellen. Die Vermutung liegt nahe, dass es sich hier um Abmachungen gegen Ungarn handelt [2].

Da kam der erste Kreuzzug und hielt die Dinge vorläufig in der Schwebe; Koloman sah sich anderweit beschäftigt. Erst nach dem Beginn des zwölften Jahrhunderts nahm er die vollständige Unterwerfung des Küstenlandes in Angriff. Sie erfolgte nicht so plötzlich, wie die spätere Überlieferung angiebt [3]. 1102 liess er sich in Belgrad zum

[1] Gaufred. Malaterra, Mur. R. I. S. 5, 599.

[2] Račkí nr. 138 und 139 p. 178 f.; Dandolo, Mur. 12, 256, der diese Urkunden verwendet hat, behauptet, es habe sich dabei um die Teilnahme an dem ersten venezianischen Kreuzzug gehandelt; seine Angabe ist bisher nachgeschrieben worden. Allein da die Kreuzfahrt erst 1099 Juli, also mehr als zwei Jahre später, angetreten wurde (vgl. Ann. Venetici breves, MG. 14, 70), so scheint mir die oben aufgestellte Vermutung der Wahrheit näher zu kommen. Zu Beginn ihres Zuges haben sich die Venezianer übrigens in Dalmatien aufgehalten, Translatio S. Nicolai bei Corner 9, 7. Zara war damals venezianisch.

[3] Thomas von Spalato cp. 17 bei Lucius p. 326 lässt den König bereits 1103 nach vollendeter Eroberung heimkehren. Bezgl. der durchaus tendenziösen Darstellung Dandolos vgl. die Beilage.

König von Dalmatien und Kroatien krönen; 1103 ist Spalato in seiner Hand; aber erst 1105 hielt er in Zara seinen Einzug [1]. Im Laufe der Zeit wurde er so des ganzen Landes Herr, auch der Inseln. Doch unterliess er, in die inneren Verhältnisse der einzelnen Gemeinden tiefer einzugreifen, und versprach, es bei dem Herkommen zu belassen. Zwei Drittel der von Fremden zu entrichtenden Hafenzölle ausgenommen, die er sich vorbehielt, gewährte er ausdrücklich Freiheit von Steuern und Abgaben. Sodann beanspruchte er die Bestätigung der geistlichen und weltlichen Obrigkeiten, deren freie Wahl er im übrigen zugestand. Nur die Gerichtsbarkeit zwischen Einheimischen und Fremden wird wohl er bereits an sich gezogen haben. Andrerseits machte er die Ansiedlung von Ungarn und Ausländern von der Zustimmung der Gemeinden abhängig, und gewährte jedem, der sich von seiner Herrschaft beschwert fühlte, das Recht freien Abzugs.

Diese ungarische Eroberung darf als ein Wendepunkt in der Geschichte Dalmatiens gelten. Waren die Einwirkungen auswärtiger Mächte bisher nur oberflächlicher und vorübergehender Art gewesen, so dass die Idee des Zusammenhangs mit dem griechischen Reiche immer wieder durchbrach, so wird von nun an die Fremdherrschaft zum dauernden Zustand, und es beginnt zugleich der hundertjährige Kampf Ungarns und Venedigs um den Besitz des Landes; der Versuch einer byzantinischen Restauration unter Manuel hat lediglich die Bedeutung einer Episode. Auch daran wird der Unterschied der Zeiten kenntlich, dass nun die Bezeichnung der städtischen Obrigkeit wechselt, indem an die Stelle des einheimischen Prior der ungarische Comes tritt, eine Benennung, die dann auch unter venezianischer Herrschaft im Gebrauch geblieben ist.

---

[1] Kukuljević 2, 5 ff. nr. 6, 8, 11; vgl. Huber 1, 332 n. 3. Die Urkunde aus Brazza von 1111, die Huber anführt, bei Kukuljević 2, 16 nr. 20 ist jedoch ohne Zweifel eine plumpe Fälschung.

Während Kolomans Regierung jedoch hat Venedig keinen Versuch mehr gemacht, Dalmatien an sich zu bringen. Erst unter seinem jugendlichen Nachfolger gelang es dem Dogen Ordelaffo Falier in mehreren Feldzügen seit 1115 Dalmatien für Venedig zu erobern; er selbst kam bei Zara im Kampfe um [1]. Nach seinem Tode aber gingen fast alle Plätze auf dem festen Lande wieder an die Ungarn verloren. Nur Zara scheint behauptet worden zu sein. Obwohl dann der Doge Domenico Michiel im Jahre 1125 auf der Rückkehr vom heiligen Land wiederum ganz Dalmatien unterwarf und Belgrad seines hartnäckigen Widerstandes wegen bis auf den Grund zerstörte [2], so wurde nach seinem Abzug die ungarische Herrschaft doch wieder hergestellt und sie erhielt sich nun lange Zeit ungefährdet [3]. Der Machtbereich Venedigs beschränkte sich auf Zara, und auf die Inseln Arbe, Veglia und Ossero, im wesentlichen also auf den Norden des Landes, während der Süden bei Ungarn verblieb.

Erst die unerwünschte Nachbarschaft Ungarns also war es, durch die Venedig bestimmt wurde, sich in Dalmatien dauernd festzusetzen. Vorläufig aber dachte man nicht daran, sich in die inneren Angelegenheiten der unterworfenen Orte einzumischen. In der Urkunde, in der Arbe die venezianische Herrschaft anerkennt, werden die Rechte

---

[1] Ann. Venet. breves MG. 14, 71, Historia Ducum MG. 14, 73, Martin da Canale p. 294, Dandolo p. 266. Die Angaben weichen in Einzelheiten von einander ab. Nach Dandolo wäre der Doge 1116 von Contingenten des deutschen und des griechischen Kaisers unterstützt worden. Dazu Urkunden von 1116 und 1118, mehrfach gedruckt; ich citiere im folgenden stets nach Kukuljević vgl. 2, 20 nr. 26, 27. In einer Urkunde von 1180 (Bullettino di archeologia e storia Dalmata 5, 153) wird auf diese Unterwerfung Bezug genommen mit den Worten: cum vero Dalmatia condonavit se Ordelaffo Phaletro duci.

[2] Ann. Ven. brev. MG. 14, 71, Hist. Ducum a. a. O. p. 74, Dandolo p. 270, 272; Urk. von 1129 bei Kukuljević 2, 26 nr. 37.

[3] Spalato ist nach urkundl. Angaben ungarisch 1138, 1142, 1144, 1158, 1163, 1164, Trau 1151.

und Gewohnheiten bestätigt, wie sie unter der griechischen und ungarischen Herrschaft bestanden hätten; von der ehemaligen venezianischen ist nicht die Rede, wie wenn die Erinnerung daran erloschen gewesen wäre. In der Hauptsache begnügte man sich mit gewissen Abgaben und mit der Bestätigung der frei gewählten Obrigkeiten. Zumal auf dem Festland scheint der Graf von Zara, auf die Venezianer gestützt, ziemlich willkürlich geschaltet zu haben [1].

3. Die politische Machtstellung Venedigs an der Adria seit der Mitte des zwölften Jahrhunderts.

Um die Mitte des Jahrhunderts aber tritt in dem Verhalten Venedigs ein nicht zu verkennender Umschwung ein. Wir bemerken eine Reihe von Massregeln, die augenscheinlich auf die Begründung einer vorherrschenden Stellung an der Adria hinauslaufen.

Aus politischen Rücksichten und im venetianischen Interesse erfolgt eine Neuordnung der kirchlichen Verhältnisse Dalmatiens. Bisher war Spalato die alleinige Metropole gewesen. Noch im Jahre 1139 bestätigt Innocenz II. diesen Vorrang, indem er zugleich über die Missachtung seiner Gerechtsame durch den Erzbischof Klage führt, der sich dem päpstlichen Anspruch zuwider von dem Erzbischof von Gran hatte consecrieren lassen [2]. Man sieht, wie in Folge der politischen Verbindung mit Ungarn auch der Erzbischof dahin gravitierte. Da nun aber ein erheblicher Teil seiner Suffragane nicht unter ungarischer Herrschaft stand, so begreift es sich, wie der Gedanke aufkam, die kirchliche Einteilung der politischen entsprechend zu gestalten. Der erste Schritt hierzu war, dass die Inselbistümer Veglia, Arbe und Ossero eximiert

[1] Urkunden von 1118, 1133, 1129, 1134, 1146 bei Kukuljević 2, 20 ff.; Thomas v. Spalato cp. 20 bei Lucius p. 327.

[2] Vgl. Jaffé-Löwenfeld nr. 8035. Hinschius, Kirchenrecht (1878) 2, 599, 600 n. 4.

und unter den Patriarchen von Grado gestellt wurden. Wir wissen nicht genau, wann dies geschah; im Mai 1154 werden sie unter den Suffraganen Grados aufgezählt[1]. Im Oktober des gleichen Jahres folgte der zweite Schritt. Auch Zara wurde eximiert und zum Erzbistum erhoben, damit, wie es in der betreffenden Verfügung Anastasius IV. heisst, die von der ungarischen Herrschaft frei gebliebenen Städte sich nicht an einen ausländischen Metropoliten zu wenden brauchten. Zu Suffraganen erhielt der neue Erzbischof ausser Fara die drei vor kurzem Grado untergebenen Inselbistümer. Der den ungarischen Teil Dalmatiens umfassenden Metropole Spalato wurde so für das venezianische Gebiet Zara entgegen gestellt[2]. Noch schärfer aber prägte sich dieser Gegensatz aus, als endlich im Februar 1155 Hadrian IV. das neue Erzbistum Zara dem Patriarchen von Grado unterordnete, der hierauf den Titel eines Primas von Dalmatien annahm[3]: Mass-

---

[1] Urkunde Anastasius IV. von 1154 Mai 27, überliefert in Transsumpt von 1433 bei Corner 3, 129; fehlt bei Jaffé-Löwenfeld; bestätigt von Alexander IV. im Jahre 1256, vgl. die Urkunde bei Corner 3, 120.

[2] Jaffé-Löwenfeld nr. 9928. „Ab aliquantis vero temporibus Salona redacta in solitudinem et in alium locum sede translata, et tam super illam quam super quasdam alias eiusdem provincie civitates Ungaris dominium usurpantibus, gravis inter ipsas civitates est orta dissensio etc. Quocirca nos . . . . . ne illis urbibus que a subiectione ac dominio Ungarorum libere remanserunt, metropolitani cura deesset et metropolitani iudicium, dum non possent in sua, in alienis querere provinciis cogerentur, evidenti necessitate illarum civitatum inspecta de omni fratrum nostrorum consilio te venerabilis in Christo frater Lampredi honore pallii statuimus decorandum etc." Damit vergleiche man das durchaus tendenziöse, aber für sein Verfahren recht bezeichnende Referat, das Dandolo p. 285 von dieser Urkunde giebt. Verkehrt ist es, wenn Romanin 2, 65 und von Kap-herr, Die abendländische Politik Kaiser Manuels (1881) p. 91 behaupten, dass Zara an Stelle Spalatos zur Metropole von Dalmatien erhoben worden sei.

[3] Jaffé-Löwenfeld nr. 9998. Die hierauf bezügliche Stelle von Dandolos Annalen ist in der Ausgabe Muratoris ausgefallen. Auch Simonsfeld hat sie in den „Textvarianten zu Andrea Dandolo" (N. Archiv f. ält. d. GK. 18, 336 ff.) übergangen. Sie lautet nach cod. 400 Zanetti Marc. fol. 123v: „Ducis igitur ortatu Henricus patriarcha sequenti anno Romam properans aprobationem patriarchalis sedis in Grado et ius primatis super Zadratinum

regeln, die doch nur dank den intimen Beziehungen ausführbar waren, in denen der damalige Patriarch Heinrich Dandolo zur römischen Kurie stand.

Aber auch in administrativer Hinsicht wurde mit dem Herkommen gebrochen. Noch in den vierziger Jahren scheint man dazu übergegangen zu sein, die Verwaltung vorerst der Inseln Arbe und Ossero selber in die Hand zu nehmen. Die Eingeborenen behielten, dies war wenigstens in Arbe der Fall, das Wahlrecht; aber es wurde dafür gesorgt, dass die Wahl auf Venezianer fiel[1]. Die ersten Venezianer, die hier mit der Grafschaft belehnt wurden, (denn unter dieser Form wurde sie erteilt) waren die Söhne des Dogen Peter Polano[2]. Nur in Veglia ist die Grafschaft in der Hand eines zuverlässigen einheimischen Geschlechts geblieben[3]. In Zara dagegen soll sie ganz zu Anfang der fünfziger Jahre dem Sohne des damaligen Dogen Domenico Morosini übertragen worden sein[4]. Doch ist auf diese Überlieferung kein rechter Verlass. Vermutlich ist es erst ein Abfall Zaras gewesen, der zur Einsetzung eines venezianischen Grafen Veranlassung gab.

---

archiepiscopatum et eius sufraganeos sibi traditione palei reservata ab Adriano optinuit, ut, sicut populus ab antiquis temporibus Veneterum duci obtemperabat, ita clerus eorum patriarche pariter obediret", einzureihen Mur. p. 287 B nach den Worten „signum in luna apparuit".

[1] Hist. Duc. MG. 14, 74; Dandolo p. 280: Hic dux duos filios habuit, quorum Guido ex *collaudatione* populi Auseri factus est comes, Raynerius autem Arbensium *electione* et ducis *approbatione* comes efficitur. Wie mir scheint, ist Dandolo durch die Urkunde für Arbe von 1166, die er benutzt hat (p. 290), zu dieser Distinction veranlasst worden. Vgl. Stefani, I conti feudali di Cherso ed Ossero, Archivio Veneto 3, 1—15.

[2] Urkundlich genannt wird „Raynerius Polani comes": 1150 April, Museo civico Venedig cod. Cicogna nr. 2562 fol. 311; 1152 Jan. „Rainerius Polani comes" Marciana cod. 39 cl. 14 lat., in abweichender Überlieferung ebenda cod. 551 cl. 7 ital. mit 1152 Febr. „Naymerius Polani comes Arbensis", zum Teil gedruckt in Sanutos Vite dei Dogi, Muratori R. I. S. 22, 495. Die Namensform variiert übrigens auch in den Handschriften von Rahewins Gesta Friderici 4, 84.

[3] Urkunden von 1163, 1198, 1199 u. s. w. bei Ljubić und Kukuljević.

[4] Vgl. die Beilage.

Dieser Abfall aber erfolgte einige Jahre nach der Unterordnung des neuen Erzbistums unter den Patriarchen von Grado, in die der Erzbischof selber nur nach längerem Zögern willigte, während die Stadt sich empörte und eine ungarische Besatzung aufnahm. Ein erster Versuch des Dogen, sie wiederzugewinnen, scheiterte. Nur durch eine regelrechte Belagerung kam man zum Ziel. Von den Ungarn im Stich gelassen, musste sich Zara auf Gnade und Ungnade unterwerfen. Es leistete den Treueid. Auch den Primat von Grado erkannte es jetzt natürlich an. Die Grafschaft erhielt der Sohn des Dogen, der Führer des Belagerungsheeres, Domenico Morosini.

Überhaupt wird es üblich, die Grafschaften an Dogensöhne zu geben[1]; doch wird ein eigennütziges Vorgehen des Dogen in dieser Richtung gelegentlich mit merkwürdiger Schärfe zurückgewiesen[2]. Das Wahlrecht der Eingeborenen, soweit es noch in Frage kommt, sinkt zur blossen Formalität herab. Als 1166 Arbe von dem Dogen das Recht freier Wahl reclamierte[3], verständigte man sich dahin, dass in Zukunft vier einheimische Adlige oder zwei Venezianer zur Auswahl und Bestätigung zu präsentieren seien. Zunächst aber sollte ein Venezianer gewählt werden. Andernfalls blieb dem Dogen die Wahl vorbehalten. Sie ist dann auf einen Sohn des Dogen gefallen. Die Grafschaften scheinen auf Lebenszeit übertragen worden zu sein, wofür alljährlich eine nicht unbedeutende Abgabe zu entrichten war, die eine wichtige Einnahmequelle des venezianischen Fiscus bildete[4].

---

[1] Hist. Duc. MG. 14, 76 und 94, Dandolo p. 292.

[2] Urkunde von 1165 Mai (Regest bei Cicogna 1, 367, hier irrig zu 1168). Die Urkunde ist nicht verloren, wie Stefani, Arch. Ven. 3, 3 gemeint hat, sondern befindet sich in Copie sec. 18 im ven. St.-A. Manimorte San Zaccaria, Miscellanea b. 65. Vgl. die eingehende Erörterung ihres Inhalts in dem zweiten verfassungsgeschichtlichen Aufsatz.

[3] Ljubić 1, 8, Kukuljević 2, 68.

[4] Vgl. die Urkunden von 1165 (St.-A. Ven. Manimorte S. Zaccaria, Miscell. b. 65); von 1187 Mur. 22, 522; von 1208 Ljubić 2, 24.

Bestrebungen ähnlicher Art, wie sie in diesen Veränderungen in der kirchlichen Organisation und in der Verwaltung Dalmatiens zu Tage treten, liegen nun auch einer Anzahl von Verträgen zu Grunde, die Venedig um dieselbe Zeit mit Seeplätzen an der Adria abgeschlossen hat. Allerdings der Zeitfolge und anscheinend auch den Ursachen ihrer Entstehung nach zerfallen sie in drei selbständige Gruppen. Aber die Uebereinstimmung und Gleichartigkeit ihres Inhalts in entscheidenden Punkten deutet darauf hin, dass wir es hier mit einem planmässigen Vorgehen der venezianischen Politik zu thun haben.

Der erste in der Reihe ist ein Vertrag mit Fano vom Jahre 1141[1]. Dandolo, der diesen Vertrag gekannt hat, erzählt, dass Fano, von Ravenna, Pesaro und Sinigaglia mit einem Angriffe bedroht, durch jenes Abkommen sich den Beistand Venedigs gesichert, und dass Venedig dann im Kampfe gesiegt habe[2]. In der Tat wissen wir

---

[1] Die Urkunde der Consuln von Fano für den Dogen bei Corner 10, 218 „ex vetustissimo codice pergameno" mit dem Eingang: „In nomine domini nostri Iesu Christi a nativitate eiusdem anno millesimo centesimo quadragesimo primo, tempore consecrationis Innocentii pape anno duodecimo, regnante Conrado imperatore electo anno eius secundo, die primo intrante mense martii indictione quarta Fani"; ferner bei Amiani, Memorie istoriche della città di Fano (1751) Bd. 2 Urkundenanhang p. VII „ex archiv. secret. cancellar. prior."; voran geht hier noch die Urkunde des Dogen Peter Polano für Fano, dagegen fehlt der angeführte Eingang des Corner'schen Druckes, sowie die dort an die Worte „regi Alamanie" sich anschliessenden Unterschriften. An ihrer Stelle steht hier der bei Corner fehlende Vermerk: „Actum anno domini 1140 mens. Jan. ind. quarta feliciter". In den Zeitangaben beider Drucke liegt demnach anscheinend ein Widerspruch vor, der indessen so auszugleichen sein dürfte, dass das actum 1141 Jan. (1140 m. V.) sich bloss auf die Urkunde des Dogen bezieht, während das Versprechen Fanos vom März des Jahres datiert. Was die handschriftliche Überlieferung beider Urkunden in den libri Pactorum und im cod. Trevis. betrifft, so ist auf die Bemerkung im cod. Trevis. fol. 191 (Bullettino dell' Ist. stor. It. 9, 295) zu verweisen. Die Überlieferung in den libri Pactorum stimmt mit dem Druck bei Corner, die im cod. Trevis. mit der von Amiani benutzten Handschrift überein; zur Berichtigung des sehr fehlerhaften Druckes Amianis ist cod. Trevis. fol. 191 heranzuziehen.

[2] Dandolo p. 279 hatte ursprünglich nur die Urkunde vor sich; was

durch Otto von Freising, dass Venedig und Ravenna sich damals bekriegten[1]; auch ist urkundlich bezeugt, dass ein venezianischer Gesandter unmittelbar vor dem Abschluss des Vertrags die Städte Fano und Pesaro zum Frieden angehalten hat[2], und aus dem Vertrage selber geht hervor, dass Venedig in einem bereits ausgebrochenen Kriege Hilfe leisten soll.

Es folgen zwei Verträge mit Pola[3] und Capo d'Istria[4] von 1145, über deren besondere Veranlassung nichts bekannt ist. Den Beschluss machen fünf jedenfalls gleichzeitig abgeschlossene Verträge, die in den Jahren 1148—1152 entstanden sein müssen, mit den Städten Pola, Rovigno, Parenzo, Città-nuova und Umago. Bei einzelnen wird ausdrücklich bemerkt, dass sie in Gegenwart der Befehlshaber der venezianischen Flotte vereinbart seien. Diese Flotte war nach Dandolo, fünfzig Schiffe stark, ausgeschickt worden, um der von jenen Orten lebhaft betriebenen Piraterie zu steuern[5]. Es sind, wie man sieht, ausser

---

er mehr giebt, sind nachträglich am Rand von cod. 400 Zanetti fol. 120 hinzugefügte Bemerkungen.

[1] Otto von Freising, Chronik lib. IV. cap. 29.

[2] Schiedsspruch des Joh. Badoer zwischen Fano und Pesaro am 28. Febr. 1141. St.-A. Ven. Atti diplomatici restituti nel 1868 nr. 365.

[3] Z. B. bei Minotto I 1, 3; Kandler, Codice diplomatico Istriano, ohne Jahr und nicht paginiert; Kandler, Notizie storiche di Pola (1876) p. 272.

[4] Z. B. bei Romanin 2, 455; Minotto I 1, 5; Tafel und Thomas, Urkunden zur älteren Handels- und Staatsgeschichte der Republik Venedig mit besonderer Beziehung auf Byzanz und die Levante, in den Fontes rerum Austriacarum diplomata et acta (1856) 12, 105.

[5] Z. B. bei Corner 10, 215 ff.; Minotto I 1, 6 ff.; Kandler, Notizie storiche di Pola p. 275 ff. Die Verträge sind unter der Regierung des Dogen Domenico Morosini (1148—1156) vereinbart, aber undatiert. Dandolo p. 284, der sämmtliche Urkunden benutzt hat, setzt die Expedition in das dritte Jahr des Dogen, also 1150/51. Die Neueren datieren ohne weitere Angabe von Gründen abweichend, z. B. Minotto zu 1149, Corner zu 1150, Hain, Der Doge von Venedig seit dem Sturze der Orseoler im Jahre 1032 bis zur Ermordung Vitale Michiels II. im Jahre 1172, ein Beitrag zur venez. Verfassungsgeschichte im 11. und 12. Jahrhundert (1883) p. 30 zu 1151. Nun giebt es eine Urkunde von 1153 April 2, die teilweise bei Kandler, Cod.

Fano lauter istrische Städte. Den Verpflichtungen, die sie gegen Venedig eingehen, stehen venezianische Gegenverpflichtungen gegenüber. Zwar sind uns diese letzteren nur in zwei Fällen erhalten, bei dem Vertrag mit Fano und dem mit Pola von 1145. Doch sind in den übrigen Fällen entsprechende Abmachungen anzunehmen. Venedig verlangt nun von der Gegenpartei, erstens die Ablegung des Treueides, zweitens eine jährlich in Naturalien an San Marco und den Dogen zu entrichtende Abgabe[1], drittens die Heeresfolge bei Feldzügen nördlich einerseits von Ancona und andrerseits von Zara, an dessen Stelle in den Verträgen von 1141 und 1145 Ragusa genannt wird[2], gewissermassen also innerhalb der besonderen

---

dipl. Istriano gedruckt ist und handschriftlich im St.-A. Ven. Duc. ed atti dipl. b. 5 vorliegt, wonach Pola „post fidelitatem, quam fecimus deo et beato Marco evangeliste et tibi domino nostro Dominico Mauroceno dei gracia duci Venecie etc." sich vergleicht „de iniuria et dampno quod nobis intulistis cum galeis quinquaginta etc." Da aber nach Dandolo die Expedition, welche die Verträge mit den fünf Städten vereinbarte, fünfzig Schiffe zählte, so liegt die Vermutung nahe, die Erwähnung der „galeae quinquaginta" in der Urkunde von 1153 beziehe sich auf diese Expedition, die insofern eher an das Jahr 1153 heranzurücken wäre. Allein der Vertrag von 1153 ist von einem R[udolfus] sancte Polensis ecclesie episcopus unterfertigt, die undatierte Urkunde dagegen wird von einem Warnerius episcopus Pole beschworen, den ich zuletzt 1152 August nachweisen kann bei Cicogna, Iscr. Ven. 4, 298. Als Entstehungszeit der fünf Verträge ergeben sich somit die Jahre 1148—1152.

[1] In dem Vertrage mit Capo d'Istria fehlt eine solche Bestimmung. Wie erwähnt aber, hat Capo d'Istria schon seit dem 10. Jahrhundert eine jährliche Abgabe an Venedig entrichtet, die 1074 dem Patriarchen von Grado überwiesen wurde. Dass sie auch im 12. Jahrhundert noch bestand, beweist das Abkommen zwischen den Patriarchen von Grado und von Aquileja im Jahre 1180 bei Ughelli-Coleti 5, 1129.

[2] Vgl. z. B. das Versprechen Fanos: Et quandocumque hostem feceritis a Ragusio usque in Ravennam cum una galea armata hominibus cum nostro expendio vos adiuvabimus, si galeam habebimus. Si autem galeam non habuerimus, et galeam unam sarcinatam nobis dederitis vel in Fano vel in Venetia, armabimus illam hominibus et omnibus necessariis nostro expendio et erit in vestro auxilio et servitio. Ceterum si feceritis hostem ab Ancona usque in Ravennam, nostrum quoque commune vobiscum hostem faciet et erit in vestro auxilio.

venezianischen Interessensphäre. Es ist das erste Mal, dass uns ein solcher Begriff entgegentritt. Venedigs Gegenleistung dafür besteht im wesentlichen in der Zusage seines Schutzes gegen feindliche Angriffe. Ausserdem aber bedingt es sich gewisse commercielle Vorteile aus. Capo d'Istria muss künftig die einschlägigen venezianischen Verordnungen über Getreide- und Gemüsehandel befolgen. In den andern istrischen Städten sind die Venezianer fortan von allen Abgaben befreit[1]. Fano muss einen Teil seines Einkommens aus Mass und Gewicht an Venedig abgeben und dem venezianischen Kaufmann im gerichtlichen Verfahren gewisse Vergünstigungen einräumen u. s. w. Aber der Nachdruck liegt auf der Anerkennung des Schutz- und Treuverhältnisses zu Venedig.

So beginnt Venedig um die Mitte des zwölften Jahrhunderts die Stellung einer Vormacht an der Adria in Anspruch zu nehmen[2]. Als die eigentliche Basis der

---

[1] In Capo d'Istria waren sie es schon seit 977.

[2] In dem Vertrage mit Parenzo führt der Doge auch den Titel: totius Istriae inclitus dominator. Auf diese Urkunde bezieht sich wohl die bei Simonsfeld, Venezianische Studien (1878) 1, 161 mitgeteilte Stelle aus dem sog. Chr. Iustiniani Marc. cl. 10 lat. cod. 36a sec. 14: Et tunc Ystricoli dicto duci sic scribebant ultra titulum consuetum: atque Ystrie dominatori. — In dem oben angeführten Schiedsspruch zwischen Fano und Pesaro von 1141 (St.-A. Ven. Atti diplom. restituti nel 1868 nr. 365) ist von dem Dogen die Rede als „domino duce Venecie, Dalmacie atque Chroacie, dominatore nostro in marchia scilicet civitate Fani" (nach freundlicher Mitteilung Predellis). Fano verspricht überdies, dass „nostri sapientes homines ad vestrum commune colloquium quotienscumque fuerint vocati, venire debeant, sicuti fecerunt ceteri vestri fideles". — Im Vertrag Wilhelms II. von Sizilien mit Venedig von 1175 Sept. (Fontes. rer. Austr. 12, 173) verspricht dieser: Nos non invademus terras que sunt de tenimento ducis Venetie et Veneticorum, scilicet a Ragusa usque Venetiam. Ragusa war damals, wie wir gleich sehen werden, venezianisch. — Auch Edrisi weiss, dass Fano von dem „König" der Venezianer abhängt; vgl. l'Italia descritta nel „Libro del re Ruggero" compilato da Edrisi, testo arabo pubblicato con versione e note da M. Amari e C. Schiaparelli in den Atti della R. Accademia dei Lincei anno 274 serie 2, vol. 8 (1883) p. 80. Im übrigen ist Edrisi gerade über Venedig weniger gut unterrichtet, und, wie die Herausgeber mit Recht bemerken, durch ältere Angaben irregeleitet. Ravenna ist nach ihm die Hauptstadt der Venezianer,

venezianischen Machtstellung erscheint dabei Dalmatien und Istrien, während am Westrand der Adria bis nach Ancona hin lediglich Fano einen Stützpunkt bietet. Auch wird Ancona selber in Vertragsentwürfen von 1152 noch durchaus als gleichstehende Macht behandelt[1]. Als es dann später durch seine Verbindung mit Manuel eine für Venedig bedrohliche Position gewann, hat dieses in seinen Unternehmungen gegen Ancona keinen durchschlagenden Erfolg errungen; das bezeichnende Endergebnis ist vielmehr ein Jahrzehnte andauernder Kriegszustand zwischen beiden Städten[2].

Im Osten der Adria dagegen hat Venedig, wenigstens vorübergehend, sein Herrschaftsgebiet noch ausgedehnt. Die Ereignisse, von denen hier zu reden ist, hängen zusammen mit dem letzten verspäteten Versuch einer byzantinischen Restauration in Dalmatien unter Manuel.

---

die dort 100 Schiffe halten! Ich bemerke noch, dass der adriatische Meerbusen bei den arabischen Geographen „Golf der Venezianer“ heisst, so bei Edrisi im 12., bei Abulfeda, der hier Ibn Sayd folgt, zu Ende des 13. Jahrhunderts (ed. Reynaud (1848) 2, 37, 38, 309). In Italien selbst ist diese Bezeichnung erst im 14. Jahrhundert aufgekommen.

[1] Urkunden von 1152 Juni und August. St.-A. Ven. Atti diplomat. restituti nel 1868 nr. 101; vgl. Dandolo p. 285 zu 1152/53: Hoc tempore Anconitani in tantum duci confoederati sunt, ut Veneti Anconitanos et contra mutuis favoribus ubilibet defensarent. Im cod. 400 Zan. fol. 122v ist diese Nachricht erst später am Fuss der Seite nachgetragen.

[2] Expedition gegen Ancona 1168 nov.: Ann. Venet. breves p. 71; Marcus p. 259; Dandolo p. 292; gemeinsam mit Christian von Mainz 1173, vgl. namentlich Varrentrapp, Erzb. Christian von Mainz (1867) p. 57 ff., für Boncampagnos Liber de obsidione Ancone ist jetzt neben der Ausgabe Muratoris die neue nach der Pariser Handschrift von Gaudenzi, Bullettino dell' Ist. stor. Ital. Bd. 15 zu vergleichen, dazu die Angaben bei Marcus p. 264; zu 1175/6 Dandolo p. 301: Dux inter Venetos et Anconitanos successive invalescente discordia cum consulibus et communi Arimini pacta componens viam maris taliter illis undique clausit, quod inde exire penitus formidabant; nach dem 1180 zwischen Venedig und Pisa geschlossenen Vertrag (G. Müller, Documenti sulle relazioni delle città toscane coll' Oriente (1879) p. 20) waren Venedig und Ancona damals in Feindschaft; das gleiche folgt aus der Notiz bei Dandolo p. 311 zu 1185/6; auch aus dem Vertrage zwischen Venedig und Pisa von 1196 Sept. (Staatsarchiv Pisa, Atti publici nr. 8).

Dieser hatte in den sechziger Jahren in seinen Streitigkeiten mit Ungarn durch Johann Dukas den ungarischen Teil Dalmatiens erobern lassen. 1166 finden wir in einer Urkunde einen byzantinischen Dux Dalmatiae. Dann ergriffen die Ungarn wieder die Offensive; der griechische Statthalter Nikephoros Chalupes wird bei Spalato gefangen genommen[1]. 1167 ist Sebenico ungarisch, vielleicht auch Belgrad[2]. Sehr nachhaltig aber kann die ungarische Offensive nicht gewesen sein. Die griechische Herrschaft wird wieder hergestellt, ja sogar erweitert[3]. 1171 residiert in Spalato ein griechischer Statthalter[4], auch Trau scheint in griechischem Besitz. In Ragusa, das 1168/69 sich unter Consuln anscheinend selbständig regiert, ist 1171 dem griechischen Kaiser ein Turm, doch wohl als Castell, überwiesen[5]. Bis dahin hatte sich Venedig, soviel wir wissen, in diese Verhältnisse nicht eingemischt. Als nun aber im März 1171 Manuel den bekannten Gewaltstreich gegen die in seinem Reiche befindlichen Venezianer beging, auf den Venedig alsbald mit einem Rachezug antwortete, da wird diese Gelegenheit benutzt, um Trau[6] und Ragusa zu erobern. Ragusa leistet den Treueid und erhält einen

---

[1] Vgl. im allgemeinen von Kap-herr p. 84, 94 ff., dessen Angaben vielfach der Berichtigung bedürfen, und Huber 1, 364 ff.

[2] Kukuljević 2, 74; 1, 211. Nichts zu tun mit den Kämpfen zwischen Griechen und Ungarn hat Dandolos Angabe p. 292, dass Stephan von Ungarn Spalato, Trau, Sebenico und andere Orte erobert habe, vgl. die Beilage.

[3] Die Worte Dandolos p. 292, „Emanueli itaque Spalatum, Tragurium et Ragusium ac paene tota Dalmatia subiugatur. Qui eciam“ sind im Cod. 400 erst später nachgetragen. Ursprünglich stand „Emanuel inter haec quod dolose conceperat exequens etc.“; Dandolo hat die Nachricht übrigens nicht wie Simonsfeld, Andreas Dandolo und seine Geschichtswerke (1876) p. 34 n. 2 bemerkt, aus Thomas von Spalato cp. 22, sondern aus der ähnlich lautenden Stelle in cp. 20 entnommen, bei Lucius p. 328.

[4] Kukuljević 2, 87, 88.

[5] Kukuljević 2, 81, 84. Historia Ducum 14, 79.

[6] Dandolo p. 294 aus der vita S. Ioh. ep. Tragur. bei Farlati, Illyria sacra 4, 318, 319 vgl. Simonsfeld, Dandolo p. 159.

venezianischen Vicegrafen. Das Erzbistum Ragusa soll unter der Bedingung nachfolgender Einwilligung des Papstes dem Patriarchen von Grado untergeben werden[1]. Es ist die consequente Fortsetzung der früher eingeschlagenen Politik.

Aber diese Erwerbung war nicht von langem Bestand. Der ganze festländische Besitz Venedigs sogar ging wieder verloren. Als Bela von Ungarn nach Manuels Tode die ungarische Herrschaft in Dalmatien von neuem herstellte, fiel auch Zara zu ihm ab[2]. Es war umsonst, dass man die grössten Anstrengungen machte, es wiederzuerobern; 1187 hat Venedig zwei grosse Anleihen zu diesem Zwecke aufgenommen[3]. Aber eine Belagerung verlief erfolglos. Es blieb nichts übrig, als einen zweijährigen Waffenstillstand mit Ungarn zu schliessen, der dann mehrfach erneuert wurde[4]. Um dieselbe Zeit finden wir, dass Ragusa die Hoheit der normannischen Könige anerkannte, wohl in Folge der Unternehmung Wilhelms II. gegen Byzanz[5].

---

[1] Hist. Ducum p. 79; Dandolo p. 294. Die Verträge mit Zara und mit Ragusa sind, wie eine genauere Vergleichung zeigt, nach demselben Schema entworfen. Der älteste erhaltene mit Zara ist zwar erst von 1203, gedruckt z. B. Fontes rer. Austr. 12, 419 und bei Ljubić 1, 20, der mit Ragusa erst von 1232 bei Ljubić 1, 46; vermutlich aber gehen beide bereits auf ältere Verträge des zwölften Jahrhunderts zurück; insbesondere dürfte sich Venedig schon damals die Heeresfolge ausbedungen haben.

[2] Vgl. Huber 1, 370, 373. 1180 Mai ist Zara noch venezianisch, 1181 Februar ungarisch. Dandolo p. 311 setzt den Abfall Zaras irrtümlich einige Jahre später an.

[3] Anleihe von 1187 Mai, Marc. cl. 14 lat. cod. 71, nur teilweise erhalten, und von 1187 November bei Sanuto, Mur. 22, 522; vgl. auch die Urkunde von 1187 Juni bei Ljubić 1, 12, und die Commissio des Dogen für Philipp de Aiboles, Marc. cl. 14 lat. cod. 72.

[4] Belagerung von Juli bis September 1187. Ann. Ven. breves p. 72, Dandolo p. 311, 312, 314; dazu MG. 14, 90.

[5] Vgl. die Urkunden von 1186 und 1190 bei Ljubić 1, 11, 14 und bei Kukuljević 2, 137, 155, 156. Der rex W. in der Urkunde von 1186 ist nicht W(ladislavus), wie bei Kukuljević irrig ergänzt ist, sondern Wilhelm von Sizilien, wie sich aus der Urkunde von 1190 ergiebt. Ich habe erst nachträglich bemerkt, dass bereits Pisani auf die Abhängigkeit von

1195 endlich erhob sich Pola, büsste indess den Aufstand mit einer Plünderung und mit der Schleifung seiner Mauern[1]. So erscheint zu Ende des zwölften Jahrhunderts der venezianische Einfluss an der Adria erschüttert und im Rückgang begriffen.

4. Äussere Politik und wirtschaftliche Zustände Venedigs um die Wende des zwölften und dreizehnten Jahrhunderts.

Diese Langsamkeit der Entwicklung hat ihren guten Grund; sie erklärt sich aus dem Übergewicht der byzantinischen Interessen Venedigs. Denn es galt nicht bloss, die ausserordentlichen mercantilen Vorrechte zu behaupten, die Venedig einst zum Lohn für die Verteidigung des griechischen Reiches gegen die Normannen davongetragen hatte. Im Laufe der Zeit war auch ein grosser Teil des staatlichen und privaten Vermögens auf griechischem Boden angelegt worden, und der Reichtum des venezianischen Clerus beruhte wesentlich mit auf den Einkünften, die ihm von dort her aus den venezianischen Niederlassungen zuflossen. Der Verlust dieser Stellung hätte den allgemeinen Ruin nach sich gezogen; es war eine Lebensfrage, sie festzuhalten.

Wie viele Schwierigkeiten indess waren hierbei zu

Sizilien hingewiesen hat, Num Ragusini ab omni iure Veneto a sec. X usque ad sec. XIV immunes fuerint (1893), p. 37. Im übrigen freilich enthält diese Arbeit zahlreiche Irrtümer, die im einzelnen zu berichtigen hier überflüssig ist.

[1] Ann. Ven. br. p. 72, MG. 14, 91, Dandolo p. 317. Die gewöhnliche Angabe, dass die Pisaner Zara gegen Venedig unterstützt und Pola weggenommen hätten, ist modernen Ursprungs. Sie findet sich, so viel ich sehe, zuerst in der bei Romanin 2, 145 angeführten Storia della Dalmazia von Kreglianovich und ist durch Romanin in die Litteratur übergegangen, bei Toeche, Jahrbücher Heinrichs VI. (1867) p. 462; bei Streit, Venedig und die Wendung des vierten Kreuzzugs gegen Konstantinopel (1877) p. 22; bei Baer p. 65; vorsichtiger Heyd 1, 237.

überwinden! Die Gefahr einer normannischen Eroberung verschwand nicht und musste gelegentlich mit den Waffen abgewehrt werden. Die griechischen Herrscher aber duldeten nur widerwillig und notgedrungen die venezianischen Privilegien; auch „hat im zwölften Jahrhundert kein Thronwechsel in Constantinopel stattgefunden, ohne dass die neue Regierung versucht hätte, von der Einhaltung und Bestätigung des alten venezianischen Vertrages loszukommen"[1]. Dazu trat ferner die Concurrenz der jüngeren italienischen Seemächte, die sich allmählich immer ernster und bedrohlicher anliess, indess die Griechen sie zu Zeiten begünstigten. Das Papsttum endlich stand gegen Byzanz auf Seiten der Normannen, und hielt Venedig hierin den Widerpart. Es bedurfte so der ganzen Gewandtheit, Schlagfertigkeit und Energie der venezianischen Politik, wenn sie inmitten solcher Gegensätze ihre Zwecke erreichen wollte. Eben darum aber konnte sie andere Interessen nicht so nachdrücklich fördern, als dies sonst vielleicht geschehen wäre.

Der Kreuzzugsbewegung hat sich Venedig nie sonderlich angenommen[2]; an ihren commerciellen Ergebnis-

[1] Vgl. C. Neumann, Die Marcuskirche in Venedig, Preussische Jahrbücher Bd. 69 (1892) p. 619; ferner: Über die urkundlichen Quellen zur Geschichte der byzantinisch-venezianischen Beziehungen vornehmlich im Zeitalter der Komnenen, Byzant. Zeitschrift (1892) 1, 366 ff., eine Untersuchung, die jene in Frage stehenden Verhältnisse in ganz neuer Beleuchtung zeigt.

[2] Ob die Venezianer sich an der Belagerung von Sidon 1110 wirklich beteiligt haben, vgl. Heyd 1, 142, scheint mir zweifelhaft. Von Chronisten behauptet es nur Dandolo p. 264, und ich halte es nach seiner ganzen Arbeitsweise für sehr wohl möglich, dass seine Nachrichten lediglich auf einer Angabe des ihm bekannten „pactum Warmundi" von 1123 (Fontes rer. Austr. 12, 86) beruhen, wonach König Balduin „in Sidonis acquisicione" dem Dogen gewisse Güter und Rechte in Accon überwiesen hat. Über die Teilnahme der Venezianer am zweiten Kreuzzug findet sich, wenn ich nicht irre, erst bei Marin Sanuto, Secreta fidelium crucis (bei Bongars, Gesta Dei per Francos I und II (1611) Lib. 3 Pars 6 cp. 19 p. 167) die lakonische Notiz: Eodem anno Veneti sub Iohanne Polano capitaneo magnum ad terram sanctam transmiserunt auxilium. Das Zurücktreten der Venezianer gegenüber Genua und namentlich Pisa im dritten Kreuzzuge hat Heyd 1, 314 mit Recht hervorgehoben.

sen wollte es natürlich auch Teil haben. Doch verkaufte es seinen Beistand gegen die Ungläubigen nur um hohen Preis, und die venezianischen Kreuzfahrten dienten unterwegs auch noch andern politischen Zwecken.

An der Adria andrerseits gebricht es der venezianischen Politik bis zur Mitte des zwölften Jahrhunderts an Initiative. Es muss erst irgend ein äusserer Antrieb hinzukommen, um sie in Action zu setzen. Kaum aber hat sie sich endlich zu systematischem Vorgehen aufgerafft, so wird sie durch die Gestaltung der allgemeinen Verhältnisse, durch die italienischen Verwicklungen unter Friedrich I. und die Offensive Manuels und späterhin durch die fortschreitende Zerrüttung des griechischen Reiches gewissermassen abgelenkt und in Spannung gehalten. Vereinzelte Versuche, die venezianische Machtsphäre an der Adria weiter auszubreiten, sind nur teilweise und nur vorübergehend von Erfolg begleitet.

Dabei handelt es sich im zwölften Jahrhundert vorwiegend noch um die Begründung der rein politischen Hegemonie, während auf Zugeständnisse commercieller Art nur nebenbei Wert gelegt wird. Erst im Verlauf des dreizehnten Jahrhunderts hat Venedig den Versuch gemacht, Handel und Schifffahrt auf der Adria in Abhängigkeit von sich zu bringen. Wie sehr unterscheidet es sich in dieser Hinsicht von Genua, das bereits ein volles Jahrhundert früher ähnlichen Plänen sich zugewendet hat. Denn schon im zwölften ist Genua stets von neuem, aber freilich vergebens darauf ausgegangen, die südfranzösischen Städte auf die blosse Küstenschifffahrt zu beschränken und von dem direkten Handelsverkehr mit Sizilien und der Levante auszuschliessen, natürlich, um ihn sich selber vorzubehalten. Man hat nun wohl gesagt, Genua habe hier etwas angestrebt, was Venedig auf der Adria in ähnlicher Weise unter ungleich günstigeren Bedingungen bereits erreicht gehabt habe.[1] Aber die Wahrheit ist

---

[1] Vgl. Heyd 1, 184 ff.; sodann bemerkt er p. 187: Cela ne tendait à rien

vielmehr, dass erst unter dem Einfluss einschneidender Veränderungen auf politischem und namentlich auf wirtschaftlichem Gebiet die Adria commerciell zu einer Domaine Venedigs werden konnte.

Zunächst bot in diesem Sinne der vierte Kreuzzug erwünschte Gelegenheit, die Autorität Venedigs im Osten der Adria wieder aufzurichten. Triest und Muggia müssen sich jetzt zum Treueid und einer jährlichen Abgabe herbeilassen[1]. Zara wird wieder bezwungen, späterhin auch Ragusa[2]. Sicheren Bestand hat die venezianische Herrschaft hier freilich auch in der Folge nicht gehabt. Doch waren vereinzelte Empörungen vorerst nicht gefährlich.

Sodann hörte seit der Eroberung von Constantinopel jenes drückende Übergewicht der byzantinischen Interessen auf, das die freie Bewegung der venezianischen Politik bisher behindert hatte. Gewiss machten ihr die gefährdete Lage des lateinischen Kaisertums, die Aufteilung, Occupation und Organisation der neu erworbenen Gebiete, die Intriguen und offenen Anfeindungen rivalisierender Handelsmächte gerade genug zu schaffen[3]; aber

moins qu'à reduire les villes du midi de la France a un état de subordination complète à l'égard de Gènes, dans le domaine du commerce et de la navigation, et a créer en faveur de cette république une prépondérance maritime semblable à celle que Venise avait conquise dans l'Adriatique, mais dans des conditions autrement favorables.

[1] Urkunden von 1202, z. B. in Fontes rer. Austr. 12, 386—403 und bei Minotto I 1, 9; Dandolo p. 320, MG. 14, 92.

[2] Vertrag mit Zara 1203, F. R. A. 12, 419 und bei Ljubić 1, 21; Thomas von Spalato cp. 25 bei Lucius p. 333, Dandolo p. 321, 332, MG. 14, 92.

[3] Vgl. im allg. Hopf, Geschichte Griechenlands vom Beginne des Mittelalters bis auf unsere Zeit in der allg. Encyklopädie von Ersch und Gruber (1870). Auf einen wichtigen, nicht genügend beachteten Punkt möchte ich hier ganz kurz hinweisen. Es ist für die Kämpfe der grossen italienischen Seestädte Venedig, Pisa und Genua bezeichnend, dass sie vor dem venezianisch-pisanischen Bündnis gegen Genua im Jahre 1257 immer nur vereinzelt wider einander streiten, Venedig gegen Pisa oder gegen Genua, oder Genua gegen Pisa. Während aber, was Venedig anlangt, im zwölften Jahrhundert hauptsächlich der Gegensatz zu Pisa hervortritt, gilt dies seit dem vierten Kreuzzug von der Rivalität mit Genua. Sehr bemerkenswert ist,

sie zeigt sich jetzt im Stande, auf verschiedenen Gebieten gleichzeitig tätig einzugreifen.

Es kommt hinzu, dass die Beziehungen Venedigs auch zu dem italienischen Festland sich wesentlich verändert hatten. Bis in die Zeiten Friedrichs I. hinein hat Venedig den Angelegenheiten des übrigen Italiens gegenüber kühle Zurückhaltung beobachtet. Als nun aber zwischen dem Kaiser und den oberitalienischen Communen der Kampf um ihre Selbständigkeit entbrannte, da ergriff es entschlossen die Partei der Städte, nicht aus Mitgefühl für ihre Sache, sondern in der nüchternen Berechnung, dass ein gänzliches Obsiegen des Kaisers der eigenen Unabhängigkeit gefährlich werden könne. Daher es denn auch, als ein solcher Ausgang nicht mehr zu befürchten stand, obwohl Mitglied der Liga kein Bedenken trug, sich mit dem Erzbischof Christian von Mainz zur Belagerung von Ancona zu verbünden[1].

Zu dem trat nun ein lebhafter Aufschwung des oberitalienischen Handels ein. Er erhellt sowohl aus der Häufigkeit wie aus dem Inhalt der damals abgeschlossenen

---

dass gleich damals der Gedanke an ein Bündnis zwischen Venedig und Pisa gegen Genua auftaucht. Heyd hat im Giornale ligustico (1874) p. 69 ein Abkommen zwischen beiden Städten von 1206 Juli—August veröffentlicht, wonach sie sich verpflichten, je vierzig Galeren auszurüsten, die sich bei Messina vereinigen und die Genuesen, wo immer sie erreichbar seien, angreifen sollten. Nach Heyd, Gesch. des Levantehandels 1, 289 wäre der Vertrag ratificiert worden, aber toter Buchstabe geblieben. M. E. indessen ist die im ven. St.-A. Ducali ed atti diplom. b. 7 befindliche Urkunde bloss ein Vertragsentwurf. Zur Verwirklichung des Bündnisses ist es dann erst ein halbes Jahrhundert später gekommen. Der von Heyd 1, 290 analysierte Vertrag zwischen Venedig und Pisa von 1214 bei Müller, Rel. delle città tosc. coll' oriente p. 88ff. ist lediglich eine Wiederholung früherer Verträge von 1180, bei Müller p. 20, und von 1196, St.-A. Pisa, Atti publ. nr. 8.

[1] Vgl. auch Ranke, Weltgeschichte 8, 187; im allg. siehe Baer p. 15ff. Die eigentümliche Nachricht von einem Friedensschlusse zwischen Friedrich I. und Venedig im Jahre 1174 vgl. Baer p. 43 n. 2, findet sich nicht bloss bei Paulinus, Mur. Ant. Ital. 4, 982 und bei Dandolo p. 299, sondern auch bei Marcus p. 260 und in dem Chron. Patavinum, Mur. Ant. Ital. 4, 1121; ich weiss nicht, auf welche Quelle sie zurückgeht.

Handelsverträge, insofern sie Münzconventionen, Beschleunigung des Rechtsschutzes, Erleichterung der processualen Normen und dergleichen zum Zwecke haben[1]. Einen Begriff von der ungemeinen Intensität des Handelsverkehrs gibt eine Bestimmung der Veroneser Statuten aus dem Anfang des dreizehnten Jahrhunderts, wonach alljährlich nach den von den Veroneser Kaufleuten besuchten Plätzen Abgeordnete geschickt werden sollten, um über Zölle und Wegegelder Erkundigung einzuziehen und auf die Abstellung etwa widerrechtlicher Massregeln zu dringen[2]. Zugleich hob sich der internationale Waarenaustausch. Aus dem Beginn des dreizehnten Jahrhunderts liegen die ersten zuverlässigen Nachrichten vor über den regelmässigen Verkehr deutscher Kaufleute auf italienischen Märkten[3]. An dieser Entwicklung aber nahm

[1] Man sehe beispielsweise die zahlreichen von Muratori in den Antiquitates Italicae mitgeteilten Verträge. Leider liegen dieselben grossenteils in ganz unzulänglichen Drucken vor. Man vergleiche etwa den Vertrag zwischen Ravenna und Ferrara von 1200 Sept. in den Drucken bei Muratori, Ant. Ital. 4, 373, bei Tarlazzi, Appendice ai monumenti Ravennati del conte Fantuzzi (1869) 1, 72 und bei Theiner, Codex dominii temporalis s. sedis (1861) 1, 32 oder etwa die Texte des Vertrags zwischen Bologna und Ferrara von 1193 Mai bei Mur. Ant. Ital. 2, 891 und 4, 447. — Über die Ausdehnung des Handels von Toscana vgl. Davidsohn, Geschichte von Florenz (1896) 1, 791 ff.

[2] Campagnola, Liber iuris civilis urbis Veronae (1728) cap. 248 p. 185; Raumer, Geschichte der Hohenstaufen (1872⁴) 5, 235 n. 1 giebt von dieser Bestimmung eine willkürlich erweiterte Inhaltsangabe.

[3] Auf diese bisher, wenn ich nicht irre, nicht beachtete Tatsache möchte ich ausdrücklich aufmerksam machen. Die erste bekannte Erwähnung des Fondaco der Deutschen in Venedig ist vom 5. Dezember 1228, vgl. Simonsfeld, Der Fondaco dei Tedeschi in Venedig und die deutsch-venezianischen Handelsbeziehungen (1887) 1, 1; 2 und 2, 8. Die Angabe Canales p. 310, dass bereits zur Zeit des Dogen Domenico Morosini (1148—1156) „Alemans et Baivers, Franceis et Lombars, Toscans et Ongres et totes gens qui vivent de merchandies" zum Einkauf nach Venedig gekommen seien, wird von Simonsfeld a. a. O. mit Recht angezweifelt. Ferner aber erwähnt die Deutschen eine Zollrolle von Ferrara von 1228 Oct. bei Mur. Ant. Ital. 2, 29. Und nach cp. 230 der Statuten von Verona in dem bereits vor 1225 abgeschlossenen Teil, ed. Campagnola p. 178 hat der Podestà dafür

Venedig, wie sich von selbst versteht, den lebhaftesten Anteil[1].

Auch die wirtschaftlichen Zustände im innern begünstigten eine ausgreifende Handelspolitik. Eine entschieden capitalistische Richtung, auf die mancherlei Symptome hinweisen, war im Vordringen. Bei dem ausserordentlichen Geldbedürfnis des Staates reichten die laufenden Einkünfte nicht aus[2]; man sah sich zeitweise in die Notwendigkeit

---

Sorge zu tragen: quod strata de Ultramonte quae venit per canalem Athesis et per Marchyam de mercatoribus Theotonicis et de pelegrinis veniat ad civitatem Veronae. Diese Bestimmung bedarf noch einer kurzen Erläuterung. Heyd hat in dem Aufsatze: Über die commerciellen Verbindungen der oberschwäbischen Reichsstädte mit Italien und Spanien während des Mittelalters (Württembergische Vierteljahrshefte für Landesgeschichte (1880) p. 141 ff., vgl. auch Geschichte des Levantehandels 2, 735, ferner Simonsfeld a. a. O. 2, 96 ff.) nachgewiesen, dass im späteren Mittelalter die schwäbischen Kaufleute nach der Überschreitung des Brenner nicht in dem weiten Bogen durch das Etschthal, sondern auf dem näheren Wege durch Val Sugana und über Treviso nach Venedig zogen. Da dies nun vermutlich auch schon im Beginn des dreizehnten Jahrhunderts der Fall war, so dürfte jene Bestimmung der Veroneser Statuten in der Absicht getroffen sein, diesem Brauche entgegenzuwirken. Nicht zugänglich war mir Erdmannsdörffer, De commercio quod inter Venetos et Germaniae civitates aevo medio intercessit (1858); vgl. übrigens noch Schmoller, Die Strassburger Tucher- und Weberzunft (1879) p. 369. — Franzosen werden erwähnt in jener Zollrolle von 1228, ferner in dem Vertrage zwischen Venedig und Padua von 1216 bei Predelli, Documenti relativi alla guerra pel patto del Castello di Amore, Archivio Veneto 30, 434 ff.

[1] Verträge mit *Rimini* von 1170 St.-A. Ven. Ducali ed atti dipl. b. 5; mit *Cremona* von 1173 bei Prutz, Kaiser Friedrich I. (1871—1874) 2, 373; mit *Verona* von 1175 Marc. cl. 14 lat. cod. 72, erwähnt bei Carli, Istorie della città di Verona (1796) 2, 561; von 1192 St.-A. Ven. lib. Pact. primus fol. 189 v; von 1193 ebenda fol. 207; mit *Capo d'Istria* von 1182 St.-A. Ven. Duc. ed atti dipl. b. 6; mit *Genua* von 1136 April und 1177 October St.-A. Genua, Materie politiche Mazzo 1; mit *Pisa* von 1180 bei Müller p. 20 und von 1196 St.-A. Pisa, Atti publici nr. 8; mit *Cervia* von 1203 Juli im Museo civico Venedig, Sala 7 unter Glas, in welcher Urkunde ein verlorener Vertrag mit *Ravenna* erwähnt wird; mit *Mantua* von 1204 St.-A. Ven. lib. Pact. primus fol. 163 v u. s. w.

[2] Schon 1112 ist man einmal, um die Kosten einer Gesandtschaft nach Constantinopel zu decken (vgl. Ann. Ven. brev. p. 71) und um eine früher aufgenommene Schuld abzutragen, zum Verkauf der Münze genötigt

versetzt, auf der Stelle grosse Summen baaren Geldes beschaffen zu müssen. Nach späterer Überlieferung hätte man schon im zwölften Jahrhundert gelegentlich zu Zwangsanleihen seine Zuflucht genommen[1]. Das gewöhnliche

gewesen. Urkunde von 1112 Sept. (Duc. ed atti dipl. b. 4) ed. R. Boldù, Atto di vendita fatto da Ordelafo Falier Doge di Venezia dell' edificio ad uso di Zecca etc. per le nozze Fecondo-Ronzoni (1857), besser bei (Cecchetti), Programma della I. R. Scuola di paleografia in Venezia (1862) p. 9.

[1] Über die bekannte, angeblich 1171 errichtete Camera degli Imprestidi vgl. Goldschmidt, Handbuch des Handelsrechts (1891[3]) 1, 293 Note 189 und die dort verzeichnete Litteratur, dazu neuerdings über die Anfänge des städtischen Anleihewesens Ehrenberg, Das Zeitalter der Fugger (1896) 1, 35 ff. Ich beschränke mich hier auf die Bemerkung, dass die Nachricht, 1171 sei zum ersten Mal eine Zwangsanleihe erhoben worden, in keiner der älteren Quellen sich findet. In der einfachsten Fassung erscheint die Angabe in dem in dem Sammelcodex 551 cl. 7 ital. der Marciana sec. 16 enthaltenen lateinischen Fragment fol. 91 ff., das mit der Historia Ducum enge Verwandtschaft zeigt; die betreffende Stelle ist mitgeteilt bei Simonsfeld, Venetian. Studien 1, 137; ferner in der sog. Chr. Zancaruola Marc. cod. 774 cl. 7 ital. fol. 171[v]: In tempo di questo doxe in el 1171 a di primo avosto per la guerra che tolse Venitiani contro lo imperio de Romania fuo comenzada a far dei imprestidi a Venexia che ge avanti non se faceva per niuna caxon. Die bei Romanin 2, 84 angeführten späteren Chroniken und Marin Sanuto, Mur. 22, 502 enthalten die Nachricht in erweiterter Form. — Die in dem sog. Liber niger magnus sec. 15 (St.-A. Ven. Ufficiali agli Imprestidi) vorn eingetragenen Notizen haben keinen selbständigen Wert. — Die im 13. Jahrhundert üblichen Normen ergeben sich aus einer ungedruckten Urkunde (St.-A. Ven. Atti diplomatici Miscellanea nr. 125 sec. 13 ex.), die, wie mir scheint, den damals bei der Aufnahme ins venezianische Bürgerrecht abzuleistenden Eid enthält. Es heisst hier u. a.: Quocienscumque vero impresita fuerint ordinata fieri per dominum ducem et maiorem partem minoris et maioris consilii et viginti de Quadraginta, si habuero a libris 50 superius in mobili, faciam ipsa imprestita ad terminum stridatum in scalis, nisi ipse terminus per dictum dominum ducem et consilium maius fuerit elongatus. Ad cuius elongationis terminum faciam ipsa imprestita videlicet hoc modo, quod si habuero libras M in mobili vel habuero libras C in redditu tam in Venecia quam extra Veneciam, et ordinatum fuerit quod fiat una pro centenario, mutuabo libras decem, et si habuero plus vel minus tam de redditu quam de mobili et ordinatum fuerit imprestitum ultra vel infra unam pro centenario, faciam ipsum imprestitum secundam predictam rationem. Tamen non intelligantur in mobili aliqua suppellectilia, nisi essent in auro vel argento, nec eciam intelligantur in mobili imprestita facta comuni Venecie seu redditus ipsorum imprestitorum.

Verfahren war jedenfalls, dass man bestimmte Staatseinkünfte für eine Anzahl von Jahren an Gesellschaften, die dafür ein Pauschquantum vorschossen, verpachtete[1]. Teilnehmer aber an solchen Consortien waren Mitglieder der Regierung selber und die Angehörigen vorwaltender Geschlechter. Insbesondere sind es spätere Dogen und Dogensöhne, die sich durch die Höhe ihres Anteils, d. h. durch ihren Reichtum auszeichnen[2]. Es war gleichsam ein Verein von Capitalisten, der die Leitung des Staates politisch und finanziell in Händen hatte. Man pflegt die tief eingreifenden Verfassungsänderungen jener Zeit auf politische Beweggründe und Gegensätze zurückzuführen, indem es darauf angekommen sei, ebenso die Willkürherrschaft des Dogen, wie die bloss tumultuarische Mit-

[1] Vgl. Predelli, Nota sui prestiti pubblici dei Veneziani bei Cecchetti, La vita dei Veneziani fino al 1200 (1870) p. 71 ff. und erweitert, Arch. Veneto 36, 74 ff. Was die älteste bekannte Anleihe von 1164 Juni betrifft, so ist der Druck der Urkunde in Sanutos Vite dei Dogi bei Mur. 22, 479 voller Fehler. Es sind nicht sieben oder neun Teilnehmer, wie fast ausnahmslos angegeben wird, sondern, wie die beste Überlieferung in cod. 551 cl. 7 it. Marc. fol. 85 beweist, zwölf. Die nur teilweise erhaltene Urkunde über die Anleihe von 1187 Mai findet sich in cod. 71 cl. 14 lat. der Marc., die von 1187 Nov. bei Sanuto Mur. 22, 522, die von 1207 April im ven. St.-A. Arch. notarile, Atti Stermino Pietro, die von 1207 Mai bei Romanin 2, 428 und bei Cecchetti, Il doge di Venezia (1864) p. 238.

[2] Die an der Anleihe vom Juni 1164 mit je einem Sechstel in erster Reihe beteiligten Sebastiano Ziani und Orio Malipiero sind spätere Dogen. Beide sind 1171 mit einer Gesandtschaft an Manuel betraut, vgl. Hist. Ducum p. 78, die sie bei diesem Anlass als die „potentiores et sapientiores tocius Venecie“ bezeichnet. Ziani ist auch 1150 als Gesandter in Constantinopel (Duc. ed atti diplom. b. 5) und 1161, 1163, 1164, 1165 als Judex nachweisbar, Malipiero als solcher 1163 und 1164. In geschäftlichen Angelegenheiten findet man Ziani 1158, Malipiero 1153 in Constantinopel, vgl. die Urkunden Arch. Veneto 7, 365 und 20, 325, dazu die Urkunde von 1169, St.-A. Ven. Manimorte S. Zaccaria, Estere b. 40. Ananias Quirini, Craton Dandolo, Tribunus Barozi, Leo Faletrus, Joannes Vaizo, alle bekannten Geschlechtern angehörig, die gleichfalls an der Anleihe von 1164 participieren, erscheinen in den Dogenurkunden dieser Zeit als Iudices oder Zeugen. Bei den Anleihen von 1187 Mai und Nov. zeichnen die höchsten Anteile Marcus, Jacobus und Peter Ziani, der spätere Doge.

wirkung des Volkes zu verhindern[1]; nicht minder aber dürfte es sich darum gehandelt haben, die Verfassung den veränderten wirtschaftlichen Verhältnissen anzupassen, den Capitalisten, deren finanzielle Unterstützung der Staat nicht entbehren konnte, in organisierten Collegien einen gesetzmässigen und entscheidenden Anteil an der Regierung einzuräumen.

Bekanntlich ist jenes Pachtsystem auch anderswo, z. B. in Genua, in Übung gewesen. Doch finden sich in der Handhabung desselben bezeichnende Unterschiede. Während in Genua schlechthin vom Verkauf der Einkünfte die Rede ist und der Zuschlag öffentlich an den Meistbietenden erfolgt[2], gilt es in Venedig als das nobile officium wohlhabender Vaterlandsfreunde, dem Staate in der Bedrängnis des Augenblicks beizuspringen[3], obwohl vom Standpunkt der Staatsgläubiger aus hier wie dort lediglich ein kaufmännisches Erwerbsgeschäft vorliegt. Andrerseits hat man in Venedig wegen der völligen Erschöpfung des Fiscus die Zahlungen an die Staatsgläubi-

[1] Man vgl. z. B. Hegel, Geschichte der Städteverfassung von Italien (1847) 2, 252 oder die neueste verfassungsgeschichtliche Arbeit von Claar, Die Entwicklung der venetianischen Verfassung von der Einsetzung bis zur Schliessung des grossen Rats 1172—1297 (1895) p. 6, 27—30.

[2] Vgl. Blumenthal, Zur Verfassungs- und Verwaltungsgeschichte Genuas im 12. Jahrhundert (1872) p. 72; Caro, Die Verfassung Genuas zur Zeit des Podestats (1891) p. 63, 164.

[3] Urk. von 1187 Nov.: Cum nos — dux videremus nostro comuni necessarium esse pro guerra — pecuniam invenire *ad eos precibus duximus recurrendum*, *qui possunt* nostre patrie hoc necessitatis tempore *subvenire*. Rogavimus igitur omnes viros, quorum nomina inferius continentur, ut *pro sua liberalitate* comuni nostro in tali necessitate hoc tempore constituto de praefata pecunia subvenirent, qui *quoniam terre nostre veri sunt amatores* promiserunt nostro comuni dictam pecuniam se daturos etc.; Urk. von 1187 Mai, Fragment: Cum pro expeditione quam ad Iadram transmittere volumus . . . . videremus opus esse . . . . [*ad eos*] *precibus duximus recurrendum*, *qui possunt et consueverunt* nostre patrie necessitatis sue tempore *subvenire* . . . . . [ut *pro*] *sua liberalitate* comuni nostro in hac necessitate hoc tempore constituto de prefata pecunia sub[venirent]; Urk. von 1207 ebenfalls Fragment: . . . . . [ad] eos nobis sit recurrendum, *qui solent comuni Venecie quociens oportunum est liberaliter subvenire* etc.

ger einmal einfach suspendiert, während in Genua in einem ähnlichen Falle die Bürgerschaft zu ausserordentlichen Auflagen herangezogen wurde[1].

Auch capitalkräftige geistliche Genossenschaften beteiligten sich wohl an jenen Pachtungen[2]. Sodann sind die staatlichen Zuwendungen an geistliche Institute nicht immer Acte reiner Liberalität, sondern zuweilen, obgleich dies nicht ausdrücklich bemerkt wird, wie es scheint, Ersatz und Vergütung für pecuniäre Leistungen an den Staat gewesen[3]. Überdies musste sich der venezianische Clerus auf den kaufmännischen Geschäftsbetrieb verstehen. Es war Brauch, dass venezianische Kauffahrer einen Schiffsgeistlichen an Bord hatten, der mit einer Parte an dem Unternehmen beteiligt war[4]. Das Patriarchat von Grado war vom Staate unter anderm mit einer nutzbar anzulegenden Rente ausgestattet[5], und die Bauverwaltung von San Marco scheint die reichen Mittel, über die sie verfügte, geradezu zu Geldgeschäften verwendet zu haben[6]. Für den Staat in seinen Finanznöten war sie eine ganz unschätzbare Hilfsquelle[7]. Zwischen beiden bestanden die engsten Beziehungen. So stellt einmal

---

[1] Dandolo p. 297, daraus abgeleitet Liber Niger Magnus fol. 1; Ann. Ianuenses MG. SS. 18, 134 zu 1214.

[2] Bei der Anleihe von 1187 Mai unterzeichnen ein Capellan von S. Marco und die Äbtissin von S. Lorenzo.

[3] Z B. Urk. von 1164, F. R. A. 12, 140 für S. Marco; Urk. von 1168 für S. Giovanni in Torcello bei Corner, Eccl. Torcell. 1, 127.

[4] Miracula S. Nicolai bei Corner, Eccl. Ven. 9, 29: Sacerdos quidam Veneticus secundum consuetudinem terre usitatum habebat cum navibus negotiatorum transfretare et in eis plebaniam suamque sortem optinere. Die Schiffsparten — gewöhnlich gleich den Actien „loca“ genannt, vgl. Goldschmidt, Handbuch des Handelsrechts 1, 340 n. 29 — heissen in Venedig „sortes“, vgl. die Urk. von 1197, Arch. Ven. 22, 315; ferner die Apparitio S. Marci ed. Monticolo, Nuovo arch. Veneto 9, 171.

[5] Vgl. die Urk. von 1074 bei Mur. Ant. Ital. 1, 243 und bei Cicogna, Iscr. Ven. 4, 290 und von 1107 bei Corner, Eccl. Ven. 3, 66 = F. R. A. 12, 67.

[6] Vgl. die Urk. Arch. Ven. 18, 103 und 20, 72.

[7] Urk. von 1175, F. R. A. 12, 167, von 1187 bei Ljubić 1, 12 und von 1198 St.-A. Ven. Duc. ed atti dipl. b. 6.

die Bauleitung einer nach Constantinopel gehenden venezianischen Gesandtschaft eine Generalvollmacht zur Wahrnehmung ihrer dortigen Interessen aus[1]. Vom Staate dagegen wird sie mit reichen Schenkungen bedacht, und zur Tilgung ihrer Vorschüsse zeitweise auch wohl mit der Verwaltung und Nutzung staatlicher Liegenschaften und Einkünfte in der Levante betraut[2].

Natürlich blieben auch die von einer capitalistischen Entwicklung unzertrennlichen wirtschaftlichen und socialen Übelstände nicht aus. Da Venedig zu seiner Ernährung unbedingt auf die auswärtige Zufuhr von Lebensmitteln, insbesondere von Getreide, angewiesen war[3], so lag es nahe, dass die Speculationslust sich diesen Umstand zu Nutzen machte. Bereits im zwölften Jahrhundert sah sich die Regierung genötigt, den Aufkauf von Getreide, auch ausserhalb Venedigs, sofern es zur Verschiffung dahin bereits verladen war, sowie die Ausfuhr und die Aufspeicherung desselben in der Absicht einer Preissteigerung zu verbieten[4]. Noch merkwürdiger vielleicht sind die

---

[1] Urk. von 1192 Mai, Arch. Ven. 20, 76. Es ist falsch, wenn Dandolo p. 348 behauptet, die Einsetzung eines zweiten procurator S. Marci sei unter J. Tiepolo, also erst seit 1229, erfolgt. Schon 1187, 1190, 1192 sind zwei Procuratoren nachweisbar; vgl. Ljubić 1, 12, Arch. Ven. 20, 73; 76.

[2] Urk. von 1175, F. R. A. 12, 167. Die Catasier der Commune, in der die Staatsgläubiger verzeichnet waren, wurden von den Procuratoren von S. Marco und den Vicedomini aufbewahrt; Urk. von 1207 Mai bei Romanin 2, 428 und bei Cecchetti, Doge p. 238.

[3] Schon im elften Jahrhundert wird Getreide und Gemüse aus Cypern importiert, vgl. Translatio S. Nicolai bei Corner 9, 30. Im 13. Jahrhundert schwören der Doge und die Mitglieder des kleinen Rates, alljährlich für die Verproviantierung Venedigs mit einer bestimmten Quantität Getreide zu sorgen, vgl. die Promissio des Dogen J. Tiepolo von 1229 (Romanin 2, 430—438) und aus derselben Zeit das Capitolare der Consiliarii im Liber plegiorum St.-A. Ven. fol. 104[t], vgl. Predelli, Il liber communis detto anche plegiorum del r. Archivio generale di Venezia, Regesti (1872) nr. 660. Ein sehr merkwürdiges Iuramentum capitis contrate sec. 13, die Getreideverteilung von Staatswegen betreffend, bei Cecchetti, Doge p. 240.

[4] Urk. von 1173, das sog. Statutum de edulis vendendis bei (Cecchetti), Programma della I. R. Scuola di Paleografia (1862) p. 48 ff., ferner bei Monticolo, L'ufficio della giustizia vecchia a Venezia dalle origini sino al 1380 in

ersten, vereinzelten Anzeichen einer socialen Zersetzung. Mit seinem Clerus über den Kirchenzehnten in Streit, behält sich der Bischof von Castello, zu dessen Sprengel die Stadt Venedig gehörte, eine bestimmte Quote mit der Begründung vor, dass die Armen und darunter namentlich die Adligen ihn aufzusuchen pflegten[1]. Von dem Dogen Peter Ziani aber wird gerühmt, dass er viele verarmte Adlige mit Geld ausgestattet habe, um ihnen die Möglichkeit des Erwerbs zurückzugeben[2]. Er selber freilich besass ein ungeheures Vermögen, wie sein Testament ausweist, wonach ihm u. a. ganze Strassenzeilen gehörten[3]. Man sieht, wie ein offenbar nicht geringer Teil des Adels, unfähig dem Zuge der Zeit sich anzupassen, in Armut versank und kirchlicher und privater Mildtätigkeit zur Last fiel.

---

den Miscellanea pubbl. dalla r. deput. Ven. di storia patria (1892) 12, 81 ff., zuletzt bei Papadopoli, Le Monete di Venezia (1893) p. 307. Die betreffende Stelle lautet: Nullus autem venditor blave aliquam de cetero blavam in toto districtu Venecie comparare aliquo ingenio presumat ad revend[end]um illam et neque eam fraudare audeat neque faciat fraudare . . . . . . Foris vero Venecie nullus aliquam blavam que in navi sit posita ad veniendum in Veneciam aliquo modo comparare audeat ad revendendum illam. Nec liceat deinceps alicui incanovare aliquam blavam pro incarire illa, neque sit ausus aliquis portare blavam foris Venecie in aliquam partem sine nostra et aliorum ducum qui post nos futuri sunt licencia.

[1] Urk. von 1184 Nov. bei Corner, Eccl. Ven. 2, 305. De parte autem pauperum . . . . . . alteram vero medietatem propter multitudinem pauperum *et maxime nobilium*, qui ad episcopos Castellanos confluere solent, nobis et sucessoribus nostris sine contrarietate exhiberi etc.; vgl. noch die Urk. von 1181 Juli, St.-A. Ven. Atti dipl. Miscell. nr. 378.

[2] Hist. Ducum p. 96: Multos nobiles qui ad paupertatem devenerunt, in tantum adiuvavit administrando necessaria et concedendo pecuniam ad lucrandum quod de nichilo eos fecit ad honores et divitias pervenire.

[3] Über den Reichtum des Dogen vgl. Hist. Ducum a. a. O. p. 96. Er war in Venedig sprichwörtlich (l'haver da cà Ziani), Cicogna Iscr. 4, 562. Das Testament hs. z. B. St.-A. Ven. Manimorte S. Giorgio Maggiore, Processi b. 11, vgl. die Inhaltsangabe bei Cecchetti, Vita dei Veneziani fino al 1200 p. 68, dazu Romanin 2, 211 n. 2, die von mir benutzte Stelle bei Cicogna Iscr. 4, 535.

5. Beginn der commerciellen Vorherrschaft Venedigs an der Adria im dreizehnten Jahrhundert; Venedig und Ferrara.

Mit diesen Wandlungen also politischer und wirtschaftlicher Art hängt nun auch das mit einem Mal sichtbar werdende Bestreben Venedigs zusammen, die Concurrenz an der Adria bei Seite zu schieben und in Bezug auf Handel und Schifffahrt eine dominierende Stellung zu erringen. Von besonderer Bedeutung in dieser Hinsicht war es, dass das binnenländische Oberitalien, ausser Stande, die notwendigsten Lebensmittel, namentlich Fleisch, Eier und Getreide in ausreichendem Masse selber zu erzeugen, dieselben von auswärts importieren musste. Und zwar erfolgte die Einfuhr vorzugsweise aus Apulien, der Mark Ancona und der Romagna[1]. Es scheint,

[1] Die beiden Hauptzeugnisse, so viel ich sehe, sind: 1) der Vertrag zwischen Venedig und Ravenna von 1234 Dez. bei Pasolini, Documenti riguardanti antiche relazioni tra Venezia e Ravenna (1881) p. 5, zu vergleichen mit dem im einzelnen vielfach zuverlässigeren Auszug bei Minotto III 1, 34: (Ravennates) non impediantur per Venetos, si cum navibus portent victualia, scilicet bladum vinum, carnem, oleum, caseum, ficos de Marchia et de Apulia usque portum Badarenum et ista si habundaverint, teneantur non mittere per catenam vel aquas seu per terram ad partes Faventie, Romanie, Ferrarie, vel Lombardie, sed dare tantum Venetis. 2) Salimbene, Monumenta historica ad provincias Parmensem et Placentinam pertinentia III (1857) p. 253 ad. a. 1269: (Veneti) claudunt navigii viam Lombardis, quod nec a Romagnola nec a marchia Anconitana aliquid possunt habere, a quibus haberent frumentum, vinum et oleum, pisces et carnes et salem et ficus et ova et caseum et fructus et omnia bona quae ad vitam spectant humanam, nisi Veneti impedirent. Gelegentlich hören wir zwar, dass Getreide aus der Lombardei nach Venedig transportiert werden soll, z. B. Minotto III 1, 80. Aber das gewöhnliche ist, dass die oberitalienischen Städte sich mit der Bitte um Erlaubnis zur Ausfuhr an Venedig wenden. — In dem Vertrag Venedigs mit den Kreuzfahrern von 1201, F. R. A. 12, 362 ff. wird diesen bezeichnender Weise vorgeschrieben: quod victualia comparare non debetis a Cremona et infra versus Venetiam et a Bononia, Immola, Faventia et infra versus Venetiam nisi verbo nostro. — Seit der Einführung der Reis- und Maiscultur im 16. Jahrhundert, vgl. u. a. Hehn, Kulturpflanzen und Haustiere (1894[6]), haben

dass hier einem industriellen Binnenland ackerbautreibende Küstengebiete gegenüberstanden, zwischen denen wohl ein gegenseitiger Güteraustausch stattfand[1]. Wir erfahren von diesem Import etwa seit dem zweiten Viertel des dreizehnten Jahrhunderts. Er war den Venezianern begreiflicher Weise wenig erwünscht, schon wegen der unliebsamen Concurrenz, die ihnen für ihren eigenen Bedarf daraus erwachsen musste.

Die Massregeln, die sie ergriffen, richteten ihre Spitze zunächst allerdings gegen das ihnen seit Alters verfeindete Ancona; zugleich aber wollten sie sich die Verfügung über wichtige Getreideexporthäfen der Mark Ancona sichern. Im Juni 1228 wurde mit den Bevollmächtigten der Gemeinden Osimo, Recanati, Castel Ficardo und Umana auf fünf Jahre ein Vertrag abgeschlossen, der den Venezianern vollständige Handels- und Abgabenfreiheit in jenen Gebieten gewährte und ihnen Schutz und eventuell Waffenhilfe gegen Ancona zusagte[2]. Eine Gesandteninstruction vom Juli desselben Jahres — eine der ältesten, die uns überliefert ist[3] — enthält den Auftrag, die Ratifi-

sich die Verhältnisse bekanntlich vollständig verändert. — Über die ital. Getreidehandelspolitik im allg. vergl. W. Naudé, Die Getreidehandelspolitik der europäischen Staaten vom 13. bis zum 18. Jahrhundert als Einleitung in die preuss. Getreidehandelspolitik in den Acta Borussica (1896) p. 133—178.

[1] Ravenna bezieht z. B. aus dem Binnenland Eisen und Tuche, Vertrag mit Venedig von 1261 bei Pasolini p. 18. Draperii von Mantua, pelliparii von Modena in den Urk. von 1208 und 1212 Mur. Ant. Ital. 2, 873; 4, 711.

[2] Recanati erteilt Vollmacht 1228 Mai 7, St.-A. Ven. Duc. ed Atti dipl. b. 7. Der Vertrag von 1228 Juni 9 im liber plegiorum c. 92v, vgl. Predelli p. 147; über Osimo und Recanati als Getreideausfuhrorte vgl. liber pleg. c. 98v, Predelli p. 167.

[3] Liber plegiorum c. 92, Predelli p. 150. Die älteste bekannte Instruction ist die Commissio Heinrich Dandolos für H. Navigaioso und A. Donato bei Armingaud, Venise et le Bas-Empire. Histoire des relations de Venise avec l'empire d'Orient depuis la fondation de la république jusqu'à la prise de Constantinople au 13. siècle. Archives des missions scientifiques et littéraires, 2me série, IV (1867) p. 426; wie C. Neumann, Byz. Zeitschrift (1892) 1, 374 n. 1 mit Recht bemerkt, mit dem falschen Datum 1198,

cation des Vertrages bei den betreffenden Gemeinden einzuholen. Sodann sollte die in Fermo und Rimini herrschende Stimmung für den Fall eines Krieges mit Ancona erkundet und womöglich ein Bündnis mit diesen Städten vereinbart oder wenigstens Verhandlungen eingeleitet werden. Den Gesandten wird freigestellt, Rimini die Erlaubnis zur Getreideausfuhr aus den Häfen von Osimo und Recanati zu bewilligen. Die Venezianer müssen also, wie das übrigens auch aus einem gleich zu erwähnenden Schreiben des Papstes hervorgeht, bestimmte Befugnisse in dieser Richtung besessen haben. In der Tat erfolgte die Ratification jenes Vertrages noch im Laufe des Juli[1]; auch Cingoli trat demselben bei[2]; in welchem Sinne die andern in der Instruction erwähnten Punkte ihre Erledigung fanden, ist nicht bekannt. Anfang September aber schliessen Osimo, Recanati, Umana, Castel Ficardo und Cingoli mit Rimini, Fano und Sinigaglia ein Bündnis gegen Pesaro, Ancona und Jesi[3]. Da kam es unter dem Eindruck, den der gleichzeitige Einfall Rainalds von Spoleto in der Mark hervorrief, zur Intervention des Papstes. Friedrich II. hatte, von Gregor gebannt, seine und Ottos IV. Gebietsabtretungen an die Kirche widerrufen und Rainald zum kaiserlichen Legaten in der Mark und in Tuscien ernannt[4]. Wollte der Papst seine Autorität wieder herstellen, so musste er vor allem die Parteiungen innerhalb

---

und, wie ich hinzufügen möchte, mit wesentlichen Lesefehlern, vgl. das Original, St.-A. Ven. Commissioni ai Rettori. Übrigens wird dieser „glückliche Fund" Armingaud mit Unrecht zugeschrieben. Denn die Urkunde steht bereits in: Hieronymi Zanetti ad Jo. Brunatium epistola (1751), vgl. Cicogna, Saggio di bibliografia Veneziana (1847) nr. 1172.

[1] Winkelmann, Acta imperii inedita (1880) 1, 490; Böhmer-Ficker-Winkelmann, Regesta Imperii V nr. 12997.

[2] St.-A. Ven. Duc. ed Atti dipl. b. 7.

[3] Tonini, Della storia Riminese (1862) 3, 448; erwähnt bei Peruzzi, Storia d'Ancona (1835) 1, 377. Böhmer-Ficker-Winkelmann nr. 12998.

[4] Winkelmann, Geschichte Kaiser Friedrichs II. und seiner Reiche 1212—1235 (1863) 1, 292, 314; ferner Ficker in den Mitt. des Inst. für öst. Geschichtsforschung 4, 351 ff., 371.

der Mark zu beseitigen suchen. Ein Schreiben von ihm an den Dogen von Venedig zeigt, dass er in diesem Sinne tätig war. Er verhandelte mit den venezianischen Nuntien, beschied die Boten von Ancona, Osimo und Recanati zu sich, und löste alle Bündnisse in der Mark, weil gegen die Rechte der Kirche verstossend auf. Auch den Dogen ersuchte er, Verzicht zu leisten. Er wolle und dürfe nicht zugeben, dass die Häfen eines der römischen Kirche zustehenden Gebietes einer fremden Macht untertan oder zur Verfügung seien. Zugleich teilte er mit, dass er die Küste von Recanati und Umana unmittelbar in seiner Hand behalte[1]. Das Schreiben verrät deutlich, welche Wichtigkeit man in Rom, und wohl mit Recht, dem Vorgehen Venedigs beimass. Leider ist der weitere Verlauf dieser Angelegenheit völlig in Dunkel gehüllt.

Bald darauf aber im Jahre 1234 hat Venedig in einem Vertrage mit Ravenna ähnliche Zwecke verfolgt, indem zwar die Ausfuhr von Lebensmitteln aller Art aus der Mark und aus Apulien freigegeben, zugleich aber hieran die Bedingung geknüpft wurde, dass der Überschuss über den eigenen Bedarf nur in Venedig auf den Markt kommen, und nicht landeinwärts in die Romagna, nach Ferrara oder in die Lombardei importiert werden dürfe[2]. Man hat dafür gesorgt, dass der Vertrag beobachtet wurde. Schon im nächsten Jahre hat der Erzbischof von Ravenna bei dem Papste über die Venezianer deswegen Klage ge-

[1] Brief von 1228 Oct. 12 bei Theiner, Codex dominii temporalis s. sedis 1, 87; MG. Epistolae saec. 13. selecta e regestis pontificum Romanorum (1883) 1, 291; B-F-W. nr. 6742: Sane cum nolimus sicut nec velle debemus, portus terre nostre qui ecclesie Romane iuris existunt potestati subiacere aliene vel aliis co[m]mittere disponendos, ripam Recanate et Humanate in manibus nostris retinuimus, dispositari de ipsa sicut viderimus expedire. — Ein späterer Vertrag mit Recanati von 1239 Jan. im St.-A. Ven. Liber Blancus fol. 261, die Vollmacht von 1238 Dez. ebenda fol. 262v, vgl. Tafel und Thomas, Der Doge Andreas Dandolo und die von demselben angelegten Urkundensammlungen zur Staats- und Handelsgeschichte Venedigs. Abhandlungen der Münchner Akad. der Wiss. 3. Klasse (1855) 8, 1, 52.

[2] Urk. von 1234 Dez. bei Pasolini p. 5; vgl. oben S. 47 n. 1.

führt[1]. Sodann ist hier ein Vertrag von 1236 mit Ragusa zu erwähnen, worin den Ragusanern die Schifffahrt auf der Adria nördlich von Polmentoria und Ancona untersagt wurde, den Fall ausgenommen, dass sie Victualien nach Venedig verfrachten wollen, und zwar ist diese Bestimmung neu, während es sich im übrigen nur um die Bestätigung eines bereits 1232 abgeschlossenen Vertrages handelt[2]. Wie also in diesen Jahren der Gedanke sich Bahn bricht, den Handel mit Lebensmitteln möglichst nach Venedig zu ziehen und hier zu centralisieren, so sucht man gleichzeitig auch der Concurrenz den Zwischenhandel zu erschweren. Friedrich II. gestand 1232 bei seinem Besuche in Venedig zu, dass die Bewohner seines süditalienischen Königreichs nur die Erzeugnisse ihres eigenen Landes nach Venedig sollten ausführen dürfen[3].

Nach diesen ersten Anzeichen eines in der venezianischen Wirtschaftspolitik sich vollziehenden Umschwungs lässt der entscheidende Vorstoss nicht lange auf sich warten; er war gegen Ferrara gerichtet. Die commercielle Bedeutung dieser Stadt ist bisher erheblich unterschätzt worden. Wohl ist gelegentlich von einer kurzen, aber glänzenden Blüte ihres Handels im dreizehnten Jahrhundert unter der Herrschaft Salinguerras die Rede[4].

[1] Urk. von 1235 Dez. bei Tarlazzi 1, 160.

[2] Vertrag von 1232 Mai bei Ljubić 1, 46; von 1236 Juni bei Ljubić 1, 53: Item ab Ancona istac per totam riveriam et a Polmentoria istac per totam riveriam ipsi Ragusini non facient portum, nisi per occasionem tollendi victualia ducendi Venecias. Die Angabe Pisanis, Num Ragusini ab omni iure Veneto etc. immunes fuerint p. 53, dass der Vertrag von 1236 eine blosse Wiederholung desjenigen von 1232 sei, ist also nicht zutreffend.

[3] Fantuzzi, Monumenti Ravennati (1801) 6, 282 = Huillard-Bréholles, Historia diplomatica Friderici secundi (1852) 4, 310 mit der falschen Lesart „mercimonia que *emuntur* in regno" statt „que *oriuntur*", wie nach Liber Pactorum primus fol. 188^v und Liber Blancus fol. 268^v zu lesen ist. Böhmer-Ficker nr. 1947 und Baer p. 93 sind demnach zu berichtigen.

[4] Vgl. Schirrmacher, Kaiser Friedrich II. (1864) 3, 162 und Baer p. 109, deren Angabe, Ferrara habe „früher" alle Waaren von Venedig oder Ravenna beziehen müssen, auf einem Missverständnis von Chr. parv. Ferrar. Mur. R. I. S. 8, 483 beruht.

In Wahrheit jedoch ist sie Jahrhunderte lang ein Centrum des oberitalienischen Verkehrs gewesen. Wir müssen diese Tatsache eingehender besprechen; denn nur danach lässt sich die Grösse der jähen Katastrophe beurteilen, von der Ferrara im Jahre 1240 ereilt wurde.

Es verdankte jene Blüte den beiden grossen Jahrmärkten, die alljährlich im Frühling und im Herbste dort abgehalten wurden. Schon im elften und zwölften Jahrhundert werden sie — ein Beweis für das allgemeine Ansehen, dessen sie sich erfreuten — nicht bloss in Ferrara selbst, sondern auch an andern Orten schlechthin als die Palmsonntags- und die S. Martinsmesse bezeichnet. Aus dem Beginn des elften ist eine merkwürdige Urkunde vorhanden, die das Ergebnis einer von dem Dogen Otto Orseolo veranstalteten Enquête über den venezianischen Seidenhandel nach Italien enthält. Durch Inquisition im Placitum wird festgestellt, dass der Import und der Verkauf von Pallia nirgendwo anders in Italien den Venezianern gestattet sei als „a Pavia et a mercato sancti Martini et Olivo“[1]. Um dieselbe Zeit, im Jahre 1010 schenkt Bischof

[1] MG. SS. 7, 38; Monticolo, Cron. Venez. antich. p. 178: quod in nullis partibus Italiae debuissent pallia portare nec venundare, nisi a Papia et a mercato sancti Martini et Olivo. Die Lage dieser beiden Märkte ist wiederholt erörtert worden. Die ältere venezianische Geschichtschreibung identificiert sie mit Olivolo und Campalto (S. Martino di Strà), so z. B. G. Filiasi, Memorie storiche dei Veneti primi e secondi (1796) Bd. 6 Teil 1 p. 295 und Bd. 6 Teil 2 p. 127; Marin, Storia civile e politica del commercio dei Veneziani (1800) 3, 245; ebenso neuerdings Monticolo, loc. cit. p. 179 n. 1 und 2. Kohlschütter p. 18 n. 1 nennt Pavia den „einzigen ausservenezianischen Markt“, wo den Venezianern der Seidenhandel gestattet gewesen, ebenso Bresslau, Jahrb. Konrads II 2, 195 n. 5, der andrerseits 1, 151 n. 1 gegen Gfrörer, Byzantin. Geschichten (1872) 1, 434 mit Recht bemerkt, dass keine Handelssperre verhängt wurde. Gfrörer a. a. O. p. 434 und Heyd 1, 116 n. 2 sind gegen die Beziehung auf die oben genannten Orte, weil man den Venezianern nicht in ihrem eigenen Lande den Handel habe untersagen können, erklären sich aber ausser Stande, die Lage der beiden Märkte zu bestimmen. Die oben gegebene und, wie die weiterhin zu erwähnenden Urkunden beweisen, unzweifelhaft richtige Erklärung löst diese Schwierigkeit. — Die Bezeichnung des Palmsonntags als „Domenica oliva-

Ingo von Ferrara seinen Kanonikern u. a. „totam et integram medietatem de mercato de Ollivo"[1]. Ein Jahrhundert später, im Jahre 1116 bewilligt Heinrich V. den Bolognesen besondere Befreiungen von Abgaben, namentlich in Ferrara; in der Urkunde, die ihnen darüber ausgestellt wird, findet sich die Verordnung, dass die Kaufleute aus Tuscien die öffentliche Strasse zu Zwecken des Handels nicht mehr als zweimal im Jahre sollen ziehen dürfen, „id est ad mercatum Olivarum et sancti Martini"[2]. Im Jahre 1164 überweist Friedrich I. der Stadt Ferrara in Anerkennung geleisteter Dienste und als Sporn für die Zukunft „dimidium quoque fori sancti Martini"[3]. Als Alexander III. am 10. April 1177, acht Tage vor Palmsonntag, zur Verhandlung mit den Lombarden über einen allen Beteiligten genehmen Congressort in Ferrara eintraf, da fand er dort, wie Erzbischof Romuald von Salerno berichtet[4], wegen des Marktes eine ungewöhnlich grosse Menschenmenge versammelt.

Der allgemeine Aufschwung des oberitalienischen Handels seit dem Ausgang des zwölften Jahrhunderts kam auch den beiden Messen zu Statten. Sie werden häufig

---

rum" ist selten, kommt aber auch sonst gelegentlich in Oberitalien vor, z. B. Ann. S. Iustinae Patavini, MG. SS. 19, 156 = Chr. Patav. Mur. Ant. Ital. 4, 1135 aus gemeinsamer Quelle.

[1] Mur. Ant. Ital. 5, 419 vgl. Frizzi-Laderchi, Storia di Ferrara 2, 84.

[2] Stumpf reg. 3140: Negotiatores de Tuscia subter stratam negotiandi causa non transeant nisi duabus per annum vicibus id est ad mercatum Olivarum et S. Martini. — Ein Beweis für die Zunahme des Handelsverkehrs zwischen Mittel- und Oberitalien in dieser Zeit ist auch das Privileg Heinrichs V. für Venedig von 1111, St. 3062; MG. Constit. 1, 152. Zum ersten Mal erscheinen hier in der Städteliste des regnum die Namen Lucca, Pisa, Genua, Piacenza und Florenz. Eine Erweiterung der venezianischen Privilegien, wie Davidsohn 1, 791 meint, lag darin nicht, da sie sich schon längst auf das ganze regnum bezogen. Offenbar aber hat man des lebhafteren Handels wegen auf die ausdrückliche Hervorhebung jener Orte Wert gelegt.

[3] Stumpf reg. 4015.

[4] Rom. von Salerno, MG. SS. 19, 444: ubi ab episcopis multis et eiusdem urbis civibus et magna populi multitudine, que illuc propter feriam que illuc celebrabatur convenerat, satis est magnifice et honeste susceptus.

in Handelsverträgen genannt. Es finden sich z. B. Bestimmungen über die Verkaufsstände der Tuchhändler. Auch Zahlungstermine werden auf sie abgestellt[1].

Für das dreizehnte Jahrhundert aber besitzen wir eine anschauliche Schilderung der commerciellen Blüte Ferraras in einem kleinen Tractat, der im Beginn des nächsten Jahrhunderts verfasst, leider entweder nie vollendet oder nur unvollständig überliefert, durch eine Fülle instructiver Angaben statistisch-topographischer, handels- und culturgeschichtlicher Art in der gleichzeitigen Litteratur eine singuläre Erscheinung bildet[2]. Jene Schilderung bezieht sich auf die zwanziger und dreissiger Jahre des dreizehnten Jahrhunderts. „Damals, so heisst es, standen alle Strassen zu Lande und vom Meere her offen, aus jeder Seestadt liefen durch die Pomündungen die grossen weitbauchigen Lastschiffe ein, bis zur Höhe des Mastes mit mannigfaltiger Waare schwer beladen. Am Poufer

[1] Mur. Ant. Ital. 2, 873; 891 und 4, 425; 427. Zeugenaussagen von 1197 über Florentiner Kaufleute auf der Novembermesse in Ferrara, Davidsohn 1, 795 n. 1.

[2] Chr. Parvum Ferrar. Mur. R. I. S. 8, 473—488. Es kann nicht, wie Winkelmann, Jahrb. Philipps von Schwaben und Otto IV. (1878) 2, 183 n. 5 meint, in der zweiten Hälfte des 13. Jahrhunderts verfasst sein, sondern stammt erst aus dem Anfang des 14. Jahrhunderts, wie schon Muratori bemerkt hat. Denn der Verfasser kennt bereits die Zerstörung von S. Alberto, die 1309 Sept. erfolgte, vgl. Chr. Estense, Mur. R. I. S. 15, 367 und Ann. Parm. Maiores MG. SS. 19, 751. Andrerseits kann er nicht viel später geschrieben haben, da er einem Vorgang von 1264 als adolescens (p. 487) beigewohnt hat. Das Chr. reicht nur bis 1270, während der Autor p. 473 auf ein Ereignis von 1309 zurückkommen zu wollen erklärt. Er kennt und benutzt das angebliche Privileg des Papstes Vitalian und des Kaisers Konstantin bei Ughelli 2, 519 (vgl. über dieses Ficker, Forschungen 2, 318 § 340 n. 19). Über die vortreffliche Topographie der Poniederung, die der Verfasser giebt, vgl. Lombardini, Studi idrologici e storici sopra il grande estuario Adriatico in den Memorie del r. Istituto Lombardo, Classe di scienze matematiche e naturali, 3. Serie Bd. 11 (1870) p. 47 ff. Auf p. 487 vielleicht die beste Charakteristik der aufkommenden Signorie. — Ganz vor kurzem hat C. Antolini, Il dominio Estense in Ferrara, L'acquisto, Ricerche storiche, Ferrara (1896) p. 37 ff. auch über das Chr. parv. gehandelt; ich kann jedoch seinen kritischen Ausführungen keinen Wert beimessen.

gingen sie vor Anker. Dort wurden jenseits auf dem Stadtanger zweimal im Jahre Messen von vierzehntägiger Dauer abgehalten, zu Palmsonntag und Martini. Aus fast ganz Italien und aus Frankreich strömten die Kaufleute dazu herbei, und jeder, Bürger und Fremder, fand hier seine Rechnung"[1]. Die Glaubwürdigkeit dieser Schilderung aber wird durch eine Zollrolle vom Jahre 1228 bestätigt, nach der sich eine vollständige Liste der Marktbesucher aufstellen liesse. Ganz Oberitalien sammt der Trevisaner Mark, die Romagna, die Mark Ancona und Tuscien sind vertreten, die Seemächte Venedig, Pisa und Genua schliessen sich an, dann weiter südlich Rom und Apulien. Von Nichtitalienern werden die Franzosen und ausserdem die Deutschen genannt[2]. Ferrara erscheint hier in der Tat als internationales Emporium.

Auf die Jurisdiction und die Verwaltung der Messen genauer einzugehen, würde hier zu weit führen. Wir bemerken nur, dass für Bürger und Fremde Gerichtszwang galt, und dass es gegen die Entscheidung der Messbehörden keine Appellation gab[3]. An den Einkünften participierten der Bischof, die Kanoniker, der Papst und die Commune. Die letztere, die sicherlich später als die neben ihr Berechtigten Anteil an der Verwaltung und den Einkünften erlangt hat, muss schliesslich, da die städtische

[1] Chr. parv. p. 423. Huius pacis tempore (vgl. Winkelmann, Jahrb. Friedrich II. (1889) 1, 285 n. 1) floruit res publica Ferrariensis et cives bonorum copia fruebantur et pace. — Commeatus omnes a circumstantibus urbibus et a mari patebant. Ex omni civitate maritima ingressae per ostia Padi naves onerariae maximae caveatae, in cacumine mali variis mercibus onustae, in ripa fluminis Padi stationes habebant. Non erat opus civibus Ferrariae pro rebus necessariis adire Venetias vel Ravennam. Quotannis fiebant nundinae in prato communis sito iuxta Padum in ripa ulteriori, ad quas ex plurima parte Italiae et ex Gallia conveniebant negotiatores, varias merces convehentes. Omne genus civium et alienigenarum in eis nundinis necessariis locupletabatur, facientes lucrum vel quaestum. Fiebant autem bis in anno nundinae durantes quindenis diebus singulae, primae in festo Palmarum, alterae in festo beati Martini.

[2] Mur. Ant. Ital. 2, 29 ff.

[3] Entsprechende Bestimmungen finden sich bei den Champagner Messen.

Behörde von sich aus die Höhe der Zölle und Abgaben festsetzt, die entscheidende Stimme und das grösste finanzielle Interesse daran gehabt haben[1]. Das allgemeine Gedeihen war denn auch damals wahrhaft glänzend; nach dem vorhin erwähnten Tractate wenigstens erzielte der städtische Fiscus nach Bestreitung sämmtlicher Ausgaben noch einen Überschuss, der monatsweise nach der Höhe ihres Census unter die Bürger verteilt wurde[2].

Wenn aber auch der Eigenhandel Ferraras, wie die zahlreichen Handelsverträge beweisen, ziemlich lebhaft gewesen ist, so überwog doch bei weitem seine Bedeutung als Stapelplatz, die in den beiden Messen zum Ausdruck kam. Wenn diese nun Jahrhunderte lang Bestand und Zuspruch hatten, so war das sicherlich nicht blosser Zufall, vielmehr entschied die Gunst der örtlichen Lage: Ferrara war das Entrepôt für den oberitalienischen Fluss- und Seehandel. Wir hörten schon, dass die grossen Seeschiffe den Po bis nach Ferrara hinauffuhren, um dort zu löschen; der, wie es scheint, geringe Tiefgang der damaligen Fahrzeuge muss dies gestattet haben. Andrerseits aber war der Po die Verkehrsader des ganzes Landes; grosse Handelsstrassen an seinen Ufern fehlten. Man fuhr zu Schiffe talwärts von Pavia nach der Adria, so beispielsweise Otto III. zweimal auf dem Wege nach Ravenna[3]. Umgekehrt verleihen die Privilegien deutscher Herrscher freie Schifffahrt „vom Meere bis nach Pavia"[4]. Dieser

[1] Ausser den schon erwähnten Urk. vgl. noch den Liber Censuum ed. Fabre (1889) p. 120, und Minotto III 1, 154 zu 1308 Nov. 24; ein bischöfl. Wägemeister in dem Vertrage zwischen Venedig und Ferrara von 1230, Mur. Ant. Ital. 4, 363, Theiner 1, 91, Minotto III 1, 41.

[2] Chr. parv. 8, 483: Porro eo tempore adeo erat locuples fiscus, ut satisfacto pro impensis communibus quod supererat proventuum singulis mensibus divideretur inter cives pro census cuiuslibet quantitate; vgl. unten S. 61 n. 1.

[3] Joh. Diac. MG. 7, 30, 31, ed. Monticolo 153, 154. Ebenso Otto I. 963, vgl. Köpke-Dümmler, Jahrbücher Kaiser Otto des Grossen (1876) p. 345, von Ottenthal, Reg. Imper. II nr. 340a.

[4] Z. B. Stumpf reg. 3113, Heinrich V. für Cremona: ut *a mari usque Papiam* secure et libere nemine eis quicquam molestie inferente *eundi*

ganze Verkehr aber bewegte sich an Ferrara vorbei. Weder der ungeheure Durchbruch bei Ficarolo um die Mitte des zwölften Jahrhunderts[1], noch im Beginn des dreizehnten die sogenannte „Tagliata," die Cremona den Mantuanern zum Trotz in dem Stromwinkel bei Guastalla vornahm[2], haben, so sehr sie im übrigen den Flusslauf veränderten, die vorteilhafte Position Ferraras beeinträchtigt. Vielmehr war es gerade hier, wo für die aus dem Binnenlande kommenden die Strassen nach Venedig und nach der Romagna und Tuscien abzweigten[3]. Und dabei blieb es bis zum Beginn des vierzehnten Jahrhunderts, wie denn Mailand damals einmal in Venedig Klage führt, dass der Schiffsverkehr auf dem Po von Venedig nach Mailand nicht sicher sei[4]. In dieser Zeit jedoch scheint sich zuerst das Bedürfnis nach einer kürzeren und billigeren Verbindung mit der Lombardei, als der Po sie darbot, geregt zu haben. Im November 1304 unterbreitete der Markgraf von Este einen dahin zielenden Vorschlag in Venedig; die neue Strasse sollte durch sein Gebiet führen[5]. Die Venezianer gingen „in Erwägung des Nutzens, der ihrem Handel daraus erwachsen könne", gern auf weitere Verhandlungen ein; sie haben sich längere Zeit hingezogen[6], ohne dem Anschein nach ein Resultat zu ergeben. Erst als nicht lange nachher die Venezianer Ferraras halber in Krieg mit dem Papst gerieten, haben sie von der Etsch einen Canal nach dem Po graben lassen, um das Gebiet von Ferrara zu umge-

---

et redeundi et mercandi secundum usum et antiquam consuetudinem eorum *cum navibus suis facultatem habeant.*

[1] Vgl. Lombardini a. a. O. p. 45, dazu Nissen, Italische Landeskunde (1883) p. 206.

[2] Die beste Zusammenstellung der bezüglichen Nachrichten bei Winkelmann, Jahrb. Friedrich II. 1, 88 ff.

[3] Chr. parv. Ferr. a. a. O. und Mur. Ant. Ital. 2, 29 ff., Canale p. 382.

[4] 1307 Nov. 3, Minotto III 1, 137.

[5] 1304 Nov. 24, Minotto III 1, 124: stratam pro ire in Lombardiam breviorem et minorem illa Padi et cum minoribus expensis; ferner: cogitaverunt quod id esset bonum et utile pro mercadantia.

[6] 1305 Juni und August, Minotto III 1, 129.

hen[1]. Wir werden später auf diese Angelegenheit zurückkommen.

Auch die strategische Bedeutung Ferraras darf in diesem Zusammenhange nicht unerwähnt bleiben. Wenn es in künftigen Zeiten der Stolz Alfons I. war, dass man in ganz Italien wusste, Ferrara sei uneinnehmbar, so hat dagegen das frühere Mittelalter mehr als eine Eroberung der Stadt gesehen. Wohl aber würdigte man die Tatsache, dass Ferrara durch die Sperrung der Schifffahrt auf dem Po nicht bloss den Handel, sondern namentlich auch in Kriegszeiten die militärischen Operationen ins Stocken bringen konnte. Als Friedrich I. sich die Stadt im Jahre 1164 durch Privilegien verpflichtete, da geschah es, wie der Kaiser ausdrücklich erklärt, weil er in dem Kriege gegen Venedig und die Städte der Mark Verona sich vor allem die ungehinderte Zufuhr von Lebensmitteln zu Wasser sichern wollte[2]. Als dann Ferrara Mitglied der Liga wurde, gehörte die Anordnung oder Aufhebung der Stromsperre, wie es scheint, zur Competenz der Rectoren. Ist es nicht bezeichnend, dass in dem Augenblick, wo Venedig endlich allgemein als Congressort angenommen war, die Rectoren, von den letzten Verhandlungen darüber nach Ferrara zurückkehrend, an die Consuln der Stadt die Aufforderung ergehen liessen, den Verkehr auf dem Po wieder zu eröffnen? Doch beschlossen diese erst nach weiteren Auseinandersetzungen, den Po fortan Jedermann offen zu halten und zu keiner Zeit wieder sperren zu wollen[3]. Man hat später wiederholt auf diese Garantie Bezug genommen. Auch dazu endlich hat Ferrara die Vorteile seiner militärischen Position gelegentlich benutzt, um sich bei der Liga günstigere Bedingungen auszumitteln. Als 1235 die Erneuerung des Bundes in Frage stand,

---

[1] 1310 März 24 Minotto III 2, 17 und Predelli, I libri Commemoriali della republica di Venezia, Regesti in den Mon. storici publicati dalla deputazione Veneta di storia patria (1876) 1, 99.

[2] Stumpf reg. 4015: in conducendo nobis forum transitu navium.

[3] Vgl. die Urkunden von 1177 Mai und Juni, Mur. Ant. Ital. 4, 333 ff.

erklärte es sich zwar dazu bereit, lehnte aber Zahlungen und Truppenstellungen ab, und versprach nur freien Durchzug und ähnliche Vergünstigungen, während es den Deutschen und ihren Anhängern die Land- und Wasserstrassen in seinem Gebiet für den Fall eines Angriffs auf die Liga zu sperren verhiess, und die Rectoren gingen auf dieses Anerbieten ein[1].

Alles in allem gehört so auch Ferrara zu jenen Handelscentren im Mündungslande des Po, deren es gegeben hat, so weit unser Wissen zurückreicht; nur unterscheidet es sich von berühmten Vorgängerinnen darin, dass es nicht den Naturgewalten erlegen ist, sondern der Eifersucht und dem politischen Geschick Venedigs.

Wie hätte auch der commercielle Primat Venedigs an der Adria entstehen sollen, so lange Ferrara sich als Berührungs- und Knotenpunkt des binnenländischen und des Seeverkehrs behauptete? Es ergiebt sich hier abermals, wie unbegründet die geläufige Anschauung ist, dass Venedig die Alleinherrschaft auf der Adria in mercantiler Hinsicht schon in weit früherer Zeit in Anspruch genommen und besessen habe[2]. Andrerseits ist klar: sobald Venedig ernstlich danach trachtete, stand Ferrara ihm im Wege; daher dann das Bestreben, die commercielle Stellung Ferraras zu Grunde zu richten. Alles weitere beruht darauf, dass dies gelang.

Schon im zehnten Jahrhundert ist Ferrara einmal von den Venezianern belagert worden, dann wieder im Beginn des zwölften, als Gräfin Mathilde die Stadt zu erobern suchte[3], doch wissen wir nicht, aus welchem Be-

[1] B-F-W. nr. 13193.

[2] Mit Unrecht meint Heyd 1, 237, dass Pisa im 12. Jahrhundert den Venetianern die von ihnen prätendierte Alleinherrschaft habe streitig machen wollen. Der Vertrag Pisas mit Ragusa von 1169 ist zu einer Zeit abgeschlossen, wo Ragusa von Venedig unabhängig war; der mit Zara von 1188, als es unter ungarischer Herrschaft stand. Mit Ancona aber hat Pisa niemals gemeinsame Sache gegen Venedig gemacht.

[3] Joh. Diac. MG. 7, 25, ed. Monticolo p. 139; Overmann, Gräfin Mathilde p. 169.

weggrunde. Die Reihe der venezianischen Verträge mit Ferrara — sie liegen teils noch im Original und in zahlreichen Einzelcopieen, teils in den offiziellen Sammlungen von Staatsurkunden und überdies in eigens zusammengestellten sogenannten „Pacta Ferrariae“ vor[1] — die Reihe dieser Verträge eröffnet ein Abkommen vom Oktober 1191, das gleich einem andern vom April 1204[2] die Vereinfachung der Justiz, namentlich die beschleunigte Vollstreckung ergangener Urteile zum Gegenstand hat. Zu erwähnen ist ferner, dass die Venezianer in Ferrara ihren besonderen Gerichtsstand hatten vor zwei von Venedig gewählten einheimischen Adligen, während die Ferraresen in Venedig von den gewöhnlichen Fremdenrichtern Urteil empfingen. Auch hat man damals nachdrücklich an die 1177 von Ferrara zugesagte allgemeine Verkehrsfreiheit auf dem Po erinnert. Ob Venedig schon einen ständigen Bevollmächtigten in Ferrara hatte, lässt sich nicht ausmachen; im dreizehnten Jahrhundert führt er zuerst den Titel eines Gastalden, dann gleich seinen Collegen in Aquileja und Ravenna den eines Vicedominus. Der erste detaillierte Handelsvertrag ist vom August 1230[3]. Er bedeutet, mit der Zollrolle von 1228 verglichen, insofern einen erheblichen Erfolg Venedigs, als es fortan nur für die in Ferrara vor Anker gehenden Schiffe zu einer bestimmten Abgabe verpflichtet sein soll. Auch ist bemerkenswert, dass es sich die unbedingte Freiheit des Lebensmitteltransports stromauf- und abwärts vorbehält. Ganz

---

[1] Vgl. Atti diplomatici Miscellanea, Libri pactorum, Liber Blancus im ven. St.-A., Pacta Ferrariae in Rom und Venedig (Marciana und Staatsarchiv).

[2] Ant. Ital. 4, 357 ff.; Theiner 1, 25; Minotto III 1, 7; 13; von 1200 Juni bei Minotto III 1, 13, von 1226 August bei Minotto III 1, 34 und bei Predelli, Liber plegiorum p. 105. Der im Vertrag von 1204 erwähnte „vicedominus“ ist kein ständiger Beamter, wie Frizzi-Laderchi 3, 46 und Romanin 2, 229 angeben, sondern nur zum Abschluss des Vertrags von Venedig herübergekommen; ein „gastaldio Venetorum“ in dem Vertrage von 1230.

[3] 1230 Aug. 18, Mur. Ant. Ital. 4, 363, Theiner 1, 91 ff., Minotto III 1, 41.

offen tritt so auf Seiten Venedigs das Bestreben hervor, sich für seinen oberitalienischen Handel von den Zoll- und Stapelansprüchen Ferraras unabhängig zu machen. Es ist daher begreiflich, dass der Podestà von Ferrara gegen den Abschluss dieses Vertrags Bedenken erhob. Er erklärte, nur dann darauf eingehen zu können, wenn der Doge sich dafür verbindlich mache, dass die Einkünfte der einzelnen Stadtquartiere keine Schmälerung hierdurch erlitten[1]. Erst auf diese Zusage hin wurde die Giltigkeit des Vertrages zunächst bis zum Ende des laufenden Jahres und dann auf weitere zehn Jahre festgesetzt. Noch aber waren sie nicht verstrichen, als die Katastrophe hereinbrach.

Erinnern wir uns, dass zu Beginn der dreissiger Jahre die ersten Versuche Venedigs bemerkbar sind, den Handel auf der Adria, zunächst in Victualien, nach Venedig zu ziehen und hier zu centralisieren. War man hierbei vorerst auf dem Wege der Vereinbarung vorgegangen, so scheute man, um rascher ans Ziel zu kommen, dann auch vor Gewaltmitteln nicht zurück, ein Beweis, wie entschieden die neue Richtung im Vordringen begriffen war. Der mehrerwähnte Tractat äussert sich hierüber in drastischer Weise: „Dass die Kauffahrer auf der Adria ungehindert durch die Pomündungen nach Ferrara fahren konnten und dies auch taten, reizte die Habgier der Venezianer. Denn sie wollten, dass alle, die die Adria befahren, die venezianischen Häfen aufsuchen sollten. Sie stellten daher Kriegsschiffe an den Pomündungen auf, und verhinderten die Handelsschiffe an der Einfahrt nach Ferrara“[2]. Das war nun freilich ein wirksames Verfahren,

---

[1] 1230 Aug. 16, Mur. Ant. Ital. 4, 361, Theiner 1, 93.

[2] Chr. parv. Ferr. p. 483: Cum negotiatores navigantes mare Adriaticum cum suis mercibus per portus ostiorum Padi libere possent applicare ad civitatem Ferrarie et hoc facerent, Venetorum animos avaritia stimulavit, volentium cunctos navigantes id mare ad Venetiarum portus applicare. Igitur naves armatas tenentes ante portus, quibus navigatur in Padum, prohibebant naves onerarias onustas mercibus adduci Ferrariam; vgl. damit Chr. Fr.

um den Verkehr nach Venedig abzulenken; so leichten Kaufes aber sollten die Venezianer doch nicht davonkommen. In Ferrara entstand eine begreifliche Aufregung. Eine Gesandtschaft ging nach Venedig mit dem Ersuchen, die widerrechtliche Neuerung abzustellen. Aber sie richtete nichts aus, und so beschloss man, Gewalt mit Gewalt abzuweisen. Eine Flotte ging von Ferrara in See, überwältigte die venezianischen Schiffe, schleppte einige davon nach Ferrara, wo sie längere Zeit zur Schau gestellt und dann zerstört wurden.

Leider wissen wir nicht, wie sich Venedig zunächst damit abgefunden hat. Für Ferrara wurde es nun aber verderblich, dass Salinguerra, der die Stadtherrschaft inne hatte, im Herbste 1236 nach den Erfolgen, die Friedrich II. im östlichen Oberitalien davontrug, die Sache der Liga und des Papstes aufgab und zur kaiserlichen Partei übertrat[1]. Denn Gregor, der Ferrara als Lehen der Kirche in Anspruch nahm, war jetzt eifrig darauf bedacht, die Stadt unter seine Obedienz zurückzubringen. Venedig aber, das inzwischen den Widerstand der Liga gegen den Kaiser in Augenblicken, wo er gänzlich zu erlöschen drohte, neu beseelt und mit dem Papste und mit Genua ein Bündnis zur Eroberung Siziliens vereinbart hatte, gewann so für die Abrechnung mit Ferrara streitbare Alliierte und einen bequemen Vorwand[2]. Im Beginn des

---

Pipini, Mur. R. I. S. 9, 671. Hier heisst es anlässlich der späteren Belagerung Ferraras: Venetis autem obsidendae urbis alia suberat causa. Nam quum Veneti navi una lunga discurrerent per ora Padi quibus mare ingreditur et prohiberent naves peregrinas cum mercibus Ferrariam commeare, Salinguerra praesidio equitum quingentorum ab imperatore datorum et fere universae plebis civitatis eiusdem eam tutabatur. Pipin benutzt hier anscheinend dieselbe Quelle, wie Ricobald in der Hist. Imper. Mur. R. I. S. 9, 130, nur dass er sie vollständiger ausschreibt. Die quellenkritischen Hypothesen Antolinis a. a. O. p. 16 ff., auf die ich nicht näher eingehe, sind völlig unhaltbar.

[1] Vgl. Baer p. 110.

[2] Für die Stellung Venedigs in dieser Zeit bezeichnend ist das Bruchstück eines Schreibens Albert Beheims an den Dogen, das sich in Aventins

Jahres 1240 kam eine umfassende Coalition gegen Ferrara zu Stande: voran der Papst, dessen Legat Gregor von Montelongo der Leiter der ganzen Unternehmung war, der neuerwählte Bischof von Ferrara, dann Mailand, Mantua, Brescia, Piacenza und Bologna, die ansehnliche Contingente stellten, ferner die Emigranten von Ferrara, an der Spitze der Markgraf von Este und seine auswärtigen Verbündeten, und insbesondere die Venezianer[1].

Der alleinige Zweck des Unternehmens war angeblich, Ferrara wiederum der Kirche zu unterwerfen. Die Belagerung — wir unterlassen es, im einzelnen darauf einzugehen — zog sich ohne sichtlichen Erfolg Monate lang hin, vom Februar bis zum Juni. Dass die Stadt schliesslich doch erobert wurde, lag an der Uneinigkeit der Belagerten; Bestechung und Verrat kamen hinzu. Eines Vorfalls indess, der sich bei den Verhandlungen über die Übergabe zutrug, müssen wir hier Erwähnung tun, da er für die Beteiligten charakteristisch ist. Salinguerra, so berichtet wenigstens die venezianische Überlieferung, erschien im Zelte des Dogen, beschwor in die Hände des Legaten der Kirche Gehorsam, und erklärte hierauf dem Dogen seine Bereitwilligkeit, ihm die Stadt zu übergeben. Der aber erwiderte rasch, dass er im Dienst der Kirche sich hier befinde. Salinguerra möge sich und die Stadt dem Legaten übergeben. Allein kaum war das geschehen und Ferrara in der Hand des Legaten, als dieser einen Venezianer zum Podestà bestellte und eine Revision der früheren Verträge mit Venedig anordnete[2].

Excerpten findet (Bibliothek des litterar. Vereins (1847) Bd. 16, herausgegeben von Höfler p. 25). Es heisst hier: Venetorum constantia apud Deum et homines nota sacrosanctam Romanam ecclesiam et fidem catholicam solidat, concordat, Italiam incolumat, Hispanias et Gallias veluti catholicas sibi sociat et Germaniam robustam ad moenia et agmina constantiae suae adamantina virtute trahens etc.

[1] Schirrmacher 3, 161 ff., Baer p. 109 ff., B-F. 3118a. Ausser den hier angeführten Quellen vgl. noch Canale p. 370 ff. und Chr. Patav. Mur. Ant. Ital. 4, 1135.

[2] 1240 Juni 9, Theiner 1, 466, Minotto III 1, 45; vgl. B-F-W. n. 13333.

Er selbst dictierte eine Reihe von Zusätzen. Gleich der erste verbot, dass künftig Waaren von der Adria her durch die Pomündungen eingeführt würden ausser von Venedig her[1]. Damit verglichen sind die übrigen Bestimmungen nebensächlicher Art; auch sie waren natürlich zum Vorteil der Venezianer. Schon jener erste Zusatz genügte, um Ferrara als Stapelplatz zu Grunde zu richten. Denn es konnte nun nicht ausbleiben, dass der Verkehr sich dahin wandte, wo die Waaren aus erster Hand zu haben waren, eben nach Venedig. Und so ist es in der Tat gekommen. Die beiden Messen wurden zwar nach wie vor abgehalten; noch gegen Ende des Jahrhunderts geschieht ihrer in den Statuten Erwähnung[2]. Aber ihre alte Bedeutung war unwiederbringlich dahin. Zu Anfang des vierzehnten Jahrhunderts heisst es, man müsse nach Venedig oder Ravenna, um einzukaufen[3].

---

[1] Urkunde von 1240 Aug. 17; die Drucke stimmen in der Wiedergabe des verhängnisvollen Paragraphen nicht ganz überein. Nach Theiner 1, 110 lautet er folgendermassen: promiserunt etc., quod potestas Ferrarie et Ferrarienses perpetuo modo aliquo non recipient aliqua mercimonia in Ferraria vel districtu que per mare fuerint apportata, scilicet per portus Primarii, Volane et Gauri vel undecumque per mare nisi *a Venetis*. Ebenso liest Zaccaria, Diss. histor. de summo apost. sedis imperio in urbem comitatumque Comacli (1709) p. 124. Minotto III 1, 46 dagegen hat „*a Venetiis*", desgleichen in einer späteren Anführung dieses Paragraphen in der Urkunde von 1295 Dez. 2, Minotto III 1, 107. Je nachdem man sich für die eine oder die andere Lesart entscheidet, ergiebt sich ein ganz verschiedner Sinn. Baer p. 112, dem nur der Theinersche Druck bekannt war, legt die Bestimmung dahin aus, dass die Einfuhr von Waaren zur See zum Monopol der Venezianer geworden sei, ebenso B-F-W. nr. 13334. Die handschriftliche Überlieferung, z. B. Liber Blancus fol. 78r oder Atti dipl. Miscell. nr. 251, hat „a Venec̄". Da nun im dreizehnten Jahrhundert c und t meist nicht zu unterscheiden sind, so konnte ebensowohl „a Venetis" wie „a Veneciis" gelesen werden. M. E. ist die Lesart „a Veneciis" die richtige.

[2] Statuta di Ferrara dell' anno 1288 ed. Laderchi (1865) in den Mon. istor. pertinenti alle provincie della Romagna, Fasc. 1 p. 30.

[3] Chron. parv. Ferr. p. 423: Non erat opus civibus Ferrariae pro rebus necessariis adire Venetias vel Ravennam.

6. Weitere Ausbildung des handelspolitischen Systems; Zusammenhang mit der späteren Territorialpolitik.

Aus der Forderung der venezianischen Provenienz aller zur See in Ferrara eingeführten Waaren ergab sich nun zugleich die Notwendigkeit für Venedig, den Schiffsverkehr auf dem Po, namentlich im Mündungsgebiet, einer steten und strengen Controle zu unterwerfen. Nur eine weitere Consequenz daraus war es aber, dass das gesammte oberitalienische Import- und Exportgeschäft, soweit es über den Po und die Adria ging, in steigendem Masse unter die Aufsicht und in Abhängigkeit von Venedig geriet. Weshalb hätte man auch eine so günstige Gelegenheit sich entgehen lassen sollen? Gleichwohl ist es erstaunlich, in wie ausserordentlich kurzer Zeit der ganze Umschwung sich vollzog. Wir geben im folgenden eine Übersicht über die wichtigsten Massregeln, die Venedig in den nächsten Jahrzehnten in dieser Richtung getroffen hat.

Nachdem man sich vorerst mit der Beobachtung der Flussmündungen durch Wachtschiffe begnügt[1], entschloss man sich, wohl im Jahre 1258[2], an einem die Poschifffahrt strategisch beherrschenden Punkte ein Fort zu errichten. Es war um dieselbe Zeit, als die venezianische Politik auch sonst eine ungemeine Rührigkeit entfaltete. Soeben war der grosse Kreuzzug gegen Ezzelin von Romano unter der Ägide Venedigs vor sich gegangen; und drüben in Syrien, in dem Kampfe mit den Genuesen in Accon, schien sich dem venezianischen Handel die Aussicht auf eine dominierende Rolle zu eröffnen. Auch den oberitalienischen Handel dachte man jetzt in Fesseln zu schlagen. Es ist jenes Castell, von dem ein späterer Schriftsteller sagt, dass die Venezianer den lombardischen Kaufmann damit in harter Servitut gehalten[3]. Bestimmter

---

1 Minotto III 1, 57, 109, 120.

2 Ricobald von Ferrara, Mur. R. I. S. 9, 133 ad. a. 1258.

3 Ann. Parm. maiores, MG. SS. 19, 751 a. a. 1309: castrum ..... quod

heisst es in jenem öfters angeführten Tractat, der Zweck des neuen Forts sei gewesen, den Waarentransport von der Adria und von Ravenna her stromaufwärts zu verhindern und ihn ausschliesslich nach Venedig zu dirigieren[1]. Allein nicht bloss dazu sollte es dienen. Salimbene, der uns über die Anlage des Forts eingehend unterrichtet, beklagt, dass damit den Lombarden der Verkehr mit der Romagna und der Mark Ancona gesperrt worden sei, von wo sie allerhand Lebensmittel zu beziehen gewohnt gewesen, wie die Venezianer denn überhaupt den Ravennaten, Bolognesen, Lombarden allenthalben die Strasse sperrten[2]. Man sieht deutlich, es kam den Venezianern darauf an, sich die Verfügung über die Ein- und Ausfahrt zu sichern.

Das neue Fort lag auf ravennatischem Gebiet, am südlichsten Poarm, bei S. Alberto, wonach es häufig benannt wird. Die Venezianer aber, sagt Salimbene, nannten es Marchamò, das bedeutet, das Meer rief; denn man hört sein Rauschen, wenn es in Aufruhr ist. Es war ungefähr 6000 Schritte vom Meere entfernt. Auch Dante kennt es unter diesem Namen[3]. Ursprünglich ein blosser Holzbau, wurde es in den siebziger Jahren, nachdem es eine Belagerung hatte aushalten müssen, massiv in Steinen aufgeführt[4]. Salimbene sah darin ein Zeichen, dass die Venezianer sich hier dauernd niederzulassen beabsichtigten, obwohl ihnen laut Vertrag das Castell nur auf fünfzig Jahre zugestanden sei. Auch diesen Vertrag be-

---

tenebatur per Venetianos per fortiam et pro denariis, propter quod tenebant Lombardos in magna servitute pro mercatoribus.

1 Chr. parv. Ferr. p. 475: castellum Marcomay, quod Veneti struxerunt et tenebant, ne quid mercationum de partibus maris vel Ravenne perductum ad superiores partes per flumen posset perduci, sed ad civitatem Venetias perduceretur.

2 Salimbene a. a. O. p. 253, vgl. oben S. 47 n. 1.

3 Inferno 28, 73—75: Rimembriti di Pier da Medicina,
Se mai torni a veder lo dolce piano,
Che da Vercelli a Marcabò dichina.

4 Canale p. 649.

sitzen wir noch[1]. Ravenna tritt darin gegen eine jährliche Rente das Terrain auf fünfzig Jahre ab, nach deren Ablauf das Fort zerstört werden soll, und verspricht zugleich, die Besatzung gegen Anfeindungen zu schützen und in der Ausübung ihrer Obliegenheiten nicht zu stören. Das Abkommen war also für die Venezianer höchst vorteilhaft dank besonderen Umständen, die ihnen zu Statten kamen. Denn der Graf von Bagnacavallo, der damals die Gewaltherrschaft in Ravenna besass, liess es geschehen, weil er eine Venezianerin zur Frau hatte, sodann mit Rücksicht auf seine Feinde ausserhalb Ravennas, endlich wegen des pecuniären Gewinns aus der jährlichen Rente. So versicherte er wenigstens Salimbene. Auch habe man in Ravenna nicht im geringsten Schaden davon gehabt, und bei dem vorhandenen Überfluss an Lebensmitteln sei die Anhäufung eines noch grösseren Vorrats Torheit gewesen.

Hatten die Venezianer demnach leichtes Spiel, so haben sie, nachdem sie einmal Fuss gefasst, von dem Vorteil ihrer Position rücksichtslos Gebrauch gemacht. Ein Capitan, unter dem Castellane standen, hatte das Commando. Seine Instruction[2] übertrug ihm vornehmlich die Controle über die vorüberfahrenden Schiffe und die Instandhaltung der Befestigungen. Die Regierung wünschte durch Berichte auf dem Laufenden erhalten zu werden, und verlangte genaue Rechenschaft, beispielsweise selbst über die Einkünfte der Cantine. Über die nach Ravenna und Ferrara gehenden Waaren sollte den dort stationierten Vicedomini Nachricht erteilt werden. Die Recrutierung der Besatzung aus den benachbarten Gebieten war verpönt. Selbst der Zutritt zum Fort war nur Venezianern erlaubt. Auch der Urlaub der Besatzung war geregelt. Bis in die kleinsten Einzelheiten erstrecken sich die Verordnungen der Regierung.

---

[1] Pasolini p. 15 ff.

[2] Vgl. Minotto III Teil 1 und 2 passim, insbes. 1, 103 ff. und 129.

Und nicht bloss an den Flussmündungen, während des ganzen Transports nimmt sie die Überwachung des Verkehrs in die Hand. Eine ständige venezianische Flotille escortiert die Frachtschiffe auf dem Po und übt die Flusspolizei. Der Capitan[1], der sie befehligt, weist die Kaufleute an, sich für einen bestimmten Tag bereit zu halten, im Sommer, April bis October, mindestens alle neun, im Winter, October bis April, alle zwölf Tage. Er ist Tag und Nacht mit ihrer Überwachung beauftragt. Er hat ferner dafür zu sorgen, dass stromabwärts, bestimmte Ausnahmen abgerechnet, die Waaren ausschliesslich nach Venedig gehen. Die von Venedig kommenden Kaufleute müssen sich schriftlich darüber ausweisen, andernfalls sie zurückgehalten werden. Der Capitan darf sich keinen Stellvertreter setzen, weder in eigenem noch in fremdem Namen Handel treiben, noch auch Geschenke annehmen. Er verliert, wenn er nach Venedig kommt, sein Gehalt. Alle seine Einkünfte hat er dem Vicedominus von Ferrara vorzuweisen, der sie seinerseits zu verzeichnen hat; bei der Rechenschaftslegung des Capitans ist sein Verzeichnis mit dem des Vicedominus zu vergleichen u. s. w.

Die Stellung der Vicedomini[2] entspricht in vielen Punkten derjenigen von Berufsconsuln; sie haben namentlich auch für die stricte Beobachtung der Verträge und Anordnungen ihrer Regierung Sorge zu tragen.

Auch die Schifffahrt auf der Etsch[3] stand unter der Aufsicht der Venezianer. Bei Legnago und bei Sermione am Gardasee waren zu diesem Zwecke Befestigungen angelegt. Der Transport der Waaren durfte, jedenfalls der leichteren Controle halber, nur bei Tage geschehen. Auch hier hatte ein Capitan die Leitung des ganzen unter sich.

---

[1] Minotto III 1, 89 ff., 100 ff.
[2] Minotto III 1, 92 ff.
[3] Minotto III 1, 67, 88 ff.

Gleichzeitig gerät der Handel auf der Adria völlig unter die Directive Venedigs. Wir erwähnten früher, dass Friedrich II. seinen süditalienischen Untertanen den Handel mit ausländischen Producten nach Venedig verboten hatte. Ob er dann, als er unmittelbar nach seiner Absetzung auf dem Concil von Lyon mit den Venezianern Frieden schloss[1], ihnen weitere commercielle Vergünstigungen eingeräumt hat, entzieht sich, da der Vertrag verloren ist, unserer Kenntnis. Es war damals, wo er ihnen den Rat erteilte, sich nicht allzuviel in fremde Händel zu mischen. Zu um so wichtigeren Zugeständnissen musste sich Manfred herbeilassen. Weder im innern und noch weniger nach aussen hin war seine Herrschaft so sicher begründet, dass er der Freundschaft der grossen Seemächte hätte entraten können. Er suchte sie zu gewinnen, indem er ihnen umfassende commercielle Vorteile gewährte. Was Venedig betrifft, so kommen hier zwei Verträge aus den Jahren 1257 und 1259 in Betracht, von denen der zweite eine Bestätigung und in einigen Punkten eine Erweiterung des ersten ist, nachdem Manfred inzwischen den Königstitel angenommen hatte[2]. Ausser weitgehenden Concessionen zu Gunsten des venezianischen Getreideimports fallen vornehmlich folgende Bestimmungen ins Gewicht. War der Handel mit ausländischen Erzeugnissen nach Venedig den königlichen Untertanen schon durch Friedrich II. untersagt, so wurde das Verbot jetzt auf den ganzen Bezirk nördlich von Ancona und Zara ausgedehnt, also auf jene aus dem zwölften Jahrhundert uns bekannte, besondere venezianische Interessensphäre. Der Handel mit Salz und Baumwolle wird, gleichviel ob die Waare in- oder ausländischen Ursprungs ist, über-

---

[1] Canale p. 404 ff., vgl. Baer p. 115.

[2] B-F. nr. 4665 und 4704. Was Schirrmacher, Die letzten Hohenstaufen (1871) p. 130 über die Verträge bemerkt, ist unzureichend. Auch kann man nicht wohl mit Caro, Genua und die Mächte am Mittelmeer (1895) 1, 46 sagen, dass Manfred „verhältnismässig leichten Kaufs“ bei Venedig davongekommen sei.

haupt verboten. Im übrigen sollen auch die Producte des Königreichs innerhalb des angegebenen Bezirks bloss nach Venedig verschifft werden dürfen. Bei Zuwiderhandlungen wird die Verfügung über die aufgegriffenen Waaren ins Belieben der Venezianer gestellt. Es ist die unumwundene Anerkennung der mercantilen Vorherrschaft Venedigs auf der Adria, die hiermit ausgesprochen wurde.

Auch Ravenna und Ancona haben sich Anfangs der sechziger Jahre dazu verstehen müssen. Schon seit 1234 war zwar der freie Import von Lebensmitteln in Ravenna, der Export aber nur nach Venedig erlaubt. Jetzt wurde auch der Import insofern beschränkt, als der directe Bezug von Waaren aus überseeischen Gebieten, aus der Berberei, Syrien, Romanien, Apulien, Sizilien, Egypten, Slavonien und Istrien verboten wurde, desgleichen der Transitverkehr. Nur zollfreier Bezug der Waaren aus Venedig wurde zugestanden, „wie das auch von Seiten der übrigen benachbarten Gebiete geschieht.“ Die Venezianer behielten sich also den gewinnreichen Zwischenhandel vor. Die gleichen Bestimmungen gelten auch von dem Bezug und Transitverkehr von Waaren aus Oberitalien. Ausgenommen blieb hier nur der Import einer gewissen Quantität Eisen und Tuche zu eigenem Gebrauch. Zur Entschädigung verpflichtete sich Venedig, jährlich die Summe von 4100 kleinen Venezianer Pfunden in zwei Raten zu entrichten[1].

Ancona mit seinem bedeutenden überseeischen Handel liess sich natürlich solche Bedingungen nicht dictieren. Immerhin versprach es[2], den Transport fremder Kaufleute und ihrer Güter von Ancona über See und nach Ancona und der Adria einzustellen. Auch der Handel mit den Bewohnern der westlichen und östlichen Adriaküste wurde

---

[1] Vertrag von 1261 März, Pasolini p. 15—25: sicut faciunt alii circumvicini. Der Ausdruck „circumvicini“ ist technisch, vgl. den Vertrag mit Adria 1310 Febr. Minotto III 2, 14 ff.

[2] Urkunde von 1264 Juli. St.-A. Ven. Atti dipl. restit. nel 1868 nr. 112.

jetzt nicht geradezu verwehrt, aber er sollte sich auf die einheimischen Erzeugnisse beschränken; der in Salz und Baumwolle wurde gänzlich untersagt. Hauptsächlich war es den Venezianern um die Unterbindung des Verkehrs mit dem italienischen Binnenland zu tun. Die Ausfuhr Anconas nach Ferrara, Bologna und der Lombardei wurde auf ein bestimmtes Quantum Wein und Öl festgesetzt und der Erlös daraus durfte an Ort und Stelle nicht in Waaren angelegt werden, nur in Venedig war dies gestattet[1].

Auf solche Weise hat binnen weniger Jahrzehnte Venedig einen Concurrenten nach dem andern aus dem Felde geschlagen[2]. Aber freilich, es hat auch nicht an

---

[1] „Ex alia quidem parte antedictus dominus dux verbo et licentia sibi data a maiori consilio Venecie secundum consuetudinem Venecie nomine et vice comunis Veneciarum et pro ipso comune concessit dicto sindico recipienti nomine et vice comunis et hominum Ancone et pro ipsis quod homines Ancone possint portare annuatim libere et sine dacio duo milia amphoras vini de Ancona et centum miliaria olei per portus Primarii per Padum, Ferrariam, Bononiam et in Lombardiam ita quod de quantitate vini et olei quam portaverint quilibet teneatur litteras et sigillum comunis Ancone portare, et si acciderit, quod non possent ire per portus Primarii, Ravenne, vel Argente seu alia causa, quod possint portare dictum vinum et oleum per portus Volane vel Clugiam vel Venecias secundum quod placuerit domino duci, et si portarent plus de dicta quantitate vini et olei nec etiam alias mercationes seu res debeant ex toto amittere et licitum sit custodibus Venecie bona fide sine fraude inquirere et examinare dictum vinum et oleum et totum, quod repertum fuerit, plus esse de dictis duobus milibus amphoris vini et centum miliariis olei debeant eis auferre et etiam mercationes omnes et res alias quas deferrent. Verum tamen liceat hominibus Ancone redire cum navilio in quo portaverint dictum vinum et oleum et cum vasellis per portus per quos ibunt, ita tamen, quod nullam mercadantiam debeant apportare et, si apportarent, amittant omni occasione remota et de denariis quos percipient de dicto vino et oleo non possint emere nec emi facere aliquos mercationes in terris predictis que veniant Venecias necque vadant per portus Venecie vel per illos quos distringunt homines Venecie vel distringentur per tempora; sed si volent adducere denarios quos de ipso vino et oleo receperint Veneciam, licitum sit ipsos investire libere in mercimoniis, quas volent excepto auro et argento non laborato et ipsas mercationes Anconam portare sine dacio salvis daciis inferius declaratis“ etc. etc.

[2] Man vergleiche etwa noch den Vertrag mit Verona von 1274 März, Minotto III 1, 66: Item Veronenses sint liberi et securi Venetiis, *ita tamen*

Versuchen gefehlt, die Vormundschaft der Venezianer abzuschütteln. Dies war der Zweck der mehrjährigen Kriege, die noch im dreizehnten Jahrhundert Bologna und später Ancona gegen Venedig führten.

Der mit Bologna brach aus, weil die Venezianer nach der Teuerung des Jahres 1268 den Bolognesen die Flussmündungen sperrten, als sie aus den östlichen Küstenlandschaften Getreide einführen wollten. So berichtet die venezianische Überlieferung. Salimbene dagegen giebt an, dass die Venezianer, den Bolognesen zuvorkommend, dort alle Lebensmittel aufgekauft hätten, während doch Bologna wegen seiner Universität und der grossen Zahl von Bürgern und Fremden reichlicher Zufuhr bedurft habe [1]. Um nun den Venezianern in Zukunft Schach zu bieten, wollten die Bolognesen dem Fort Marchamò gegenüber ihrerseits ein Castell errichten, gleichfalls auf dem Gebiete Ravennas, das hiezu seine Zustimmung gab. „Und wenn mich Jemand fragte, weshalb die Bolognesen dies Castell befestigten“, sagt Martin da Canale [2], „so würde ich erwidern, sie wollen damit eine Brücke über den Po schlagen und wenn Venedig es ihnen nicht verwehrte, so würden sie mittels dieser Brücke über den Po und die andern Flüsse sich in Ferrara und der ganzen Grafschaft und in den Städten und Castellen der Mark Treviso festsetzen bis nach Ungarn hinein, womit sie ja bereits begonnen haben. Denn sie nehmen die Städte, die sich vor ihnen nicht verteidigen können, und so haben sie schon fast die ganze Romagna unterworfen“. Obwohl nun die Bolognesen anfänglich 40 000 Mann aufgebracht haben sollen, so mussten sie sich, nachdem der Krieg mehrere Jahre gedauert, schliesslich doch

---

quod non possint ire per mare; ferner den Vertrag mit Adria, 1310 Febr. bei Minotto III 2, 14 ff. Weitere Verträge zwischen Venedig und Verona aus dieser Zeit sind im Arch. storico Veronese mitgeteilt, das mir nicht zur Verfügung stand; vgl. Spangenberg, Cangrande della Scala (1892) 1, 151, 152.

[1] Canale p. 660, daraus Dandolo p. 380, Salimbene p. 253, Ann. Placentini Ghib. zu 1271 MG. SS. 18, 555.

[2] Canale p. 632 ff.

verpflichten, ihr Castell zu zerstören, in Zukunft keines wieder zu errichten und die Venezianer in Marchamò nicht zu belästigen. Es wird ihnen nur gestattet, alljährlich 30000 Pfund Salz und 20000 Körbe Getreide aus der Romagna und der Mark Ancona einzuführen, aber bloss zum eigenen Verbrauch und so lange der Getreidepreis in Venedig eine gewisse Höhe nicht überschreite. Auch sollte die venezianische Wache in Marchamò oder auf dem Po di Primaro die bologneser Einfuhr visitieren [1].

Auch der Krieg Anconas gegen Venedig [2], der zu Ende der siebziger Jahre aus ähnlichen Gründen entbrannte, nachdem Ancona schon auf dem Concil von Lyon gegen Venedig Klage geführt hatte, vermochte an der Lage der Dinge nichts mehr zu ändern. Man versprach sich bei dem Friedensschluss 1281 gegenseitigen Schadenersatz und Einstellung der Feindseligkeiten [3]; aber das handelspolitische System der Venezianer blieb nach wie vor in Geltung.

Von hohem Interesse ist es nun, zu sehen, wie die gleichzeitigen Schriftsteller dieses System, je nach ihrem Standpunkt, teils gutheissen, teils verdammen.

Jetzt zum ersten Mal wird, anlässlich der Kämpfe mit Bologna und Ancona, auf venezianischer Seite die Ansicht laut, die Adria gehöre zum Ducat von Venedig. Martin da Canale, der sie aufstellt [4], rechnet überdies die Mündungen der einfliessenden Ströme hinzu, und vindiciert den Venezianern das Verfügungsrecht darüber [5]. Sein Aus-

[1] 1273 März, lib. Pactorum quartus fol. 69 ff.; vgl. Marin 5, 20; Canale p. 662 hat den Vertrag benutzt.

[2] Canale p. 680 ff., danach Dandolo p. 387.

[3] Der Vertrag bei Romanin 2, 451. Wenn Romanin 2, 313 n. 1 bei Gelegenheit dieses Vertrages die Ansicht ausspricht, dass „il dominio della republica sul golfo era fondato sui fatti, cioè sulla protezione e sulla superiorità esercitatavi da secoli, ma non credo sia stata per trattati formalmente riconosciuta“, so bedarf das keiner weiteren Widerlegung mehr.

[4] Canale p. 660: Voirs est que la mer Arians est de le ducat de Venise.

[5] Canale p. 683 in dem Urteil, das er dem Abt von Nervesia in dem

spruch erinnert an die Bemerkung Rankes, dass in den Conflicten der Macht die Theorie hervortrete, und nicht selten als die Rechtfertigung der Stellung erscheine, welche die Parteien genommen haben, oder zu nehmen im Begriffe stehen [1]. Und merkwürdig rasch hat dann jene Auffassung sich Bahn gebrochen. Albertino Mussato feiert Venedig bereits als die Herrin der Adria, und bekennt, dass alle Flüsse der Lombardei den Venezianern zu ihrem Vorteil „fast untertan" seien [2]. Um die Mitte des vierzehnten Jahrhunderts sodann ist für den adriatischen Meerbusen schon die Bezeichnung „Golf von Venedig" üblich geworden [3]. Man war damals von der Überzeugung durchdrungen, nicht bloss, dass Venedig hier seit unvordenklicher Zeit die Herrschaft besitze, sondern auch, dass auf ihr das Gedeihen des Staates begründet sei [4]. Ist es da

---

Streite zwischen Venedig und Ancona in den Mund legt: Et li abbes dist par iugement, que Anconetans n'alasent par nul des flums que desent el mer Ariens, sans le congie des Veneciens; que il est li mer de Venise et les entrees des flums.

[1] Zur Geschichte der politischen Theorieen, S. W. 24, 237.

[2] Alb. Mussato de gestis Italic. Lib. 2, Mur. R. I. S. 10, 583: Nec memorandis Venetiis vacet codicis nostri contextus, cum ea maritimarum nobilissima civitas, *maris Adriaci dominatrix*, per finitimas maris et terrae provincias antiquis modernisque admodum effulserit laudibus, suis formidolosa potentiis. Illa quidem dum absque partium Gelfae vel Gibolongae superstitionibus navigiorum commerciis viveret, moribus usa simplicibus miris affluebat opulentiis. Credita namque et privatim et publice Italorum superi maris affiniumque terrarum incolis acceptas opes (a) sua et deponentium pariter mercationum usu servabat intactas ad commodaque disponebat eorum. Dum ad tempora nostra serpens mundi labes quae ceteros infecit populos in illa exoriens crevit ambitio *Venetosque insolentes auctae fecere divitiae et situs urbis inaccessibilis et numerosae classis copiae, quae maris Argolici, Dalmatici, Libornorumque finium dominatus praebuerant, paeneque subiectis omnibus Longobardis ad eorum emolumenta fluminibus*. Haec omnia Venetis inviolatae fidei probati mores et pax longa praestiterant.

[3] Nach der sog. Recension B Dandolos, vgl. Simonsfeld, Andrea Dandolo p. 43 ff., Marc. cod. 136 cl. 10 lat. fol. 2^v, und cod. lat. nr. 14621 fol. 33^r der kgl. Bibliothek in München: in insulis iuxta maris Adriatici littora, quod moderni Venetiarum culphum appellant.

[4] Vgl. Ljubić 3, 37, Urk. von 1347: cum autem ultra omnia nostri

erstaunlich, wenn Dandolo die Kämpfe mit Bologna und Ancona als eine Verteidigung alter venezianischer Gerechtsame betrachtet[1]?

Allein auch die gegnerische Kritik lässt an Schärfe nichts zu wünschen übrig. Bisher hatte das Urteil über die Venezianer durchweg wohlwollend, ja bewundernd gelautet. Man rühmt ihren Freiheitssinn, ihr lebendiges Staatsgefühl, ihre ausserordentliche politische Begabung[2]. Da war es jene übergreifende venezianische Handelspolitik, die zuerst Unwillen und Anklagen gegen Venedig hervor-

antiqui et nos semper cor et mentem habuerimus ad defensionem et securitatem culphi nostri, in quo pendet totum nostrum bonum et statum etc., ferner ebenda: sed cum a tempore citra, cuius non extat memoria in contrarium, culphum nostrum possederimus et custodiverimus, vgl. die Beilage.

[1] Dandolo p. 388: quia Anconitani contra Venetorum longaevam possessionem in custodia riperiae praelibatae nihil probare potuerunt, ferner p. 380: castrum S. Alberti vocatum, quod antiquatis temporibus Veneti in flumine Primarii custodierant.

[2] Litterarische Urteile über Venedig finden sich vor dem 13. Jahrhundert, ausser bei byzantinischen Schriftstellern, nur ganz vereinzelt. Das Lob der geistlichen Schätze Venedigs bei Petrus Damiani, Corner 10, 17; das der venezianischen Seetüchtigkeit bei Wilh. Apulus, MG. SS. 9, 285 V. 284. Über zwei merkwürdige Äusserungen Boncampagnos vgl. Sutter, Aus Leben und Schriften des Magisters Boncampagno (1894) p. 5. Die eine Stelle aus dem Liber de amicitia: Profecto ammirabile regnum Venetiarum, quod est unum de principalissimis Italie membris, libertatem Italicam in altiori gradu conservat; die andere Stelle im Libellus de malo senectutis et senii: Si queratur quomodo civitas Venetiarum sit constructa, responderi potest, quod pavimentum eius est mare, celum est tectum et paries decursus aquarum. Unde tollit facultatem sermonis materia singularis ex eo, quod in orbe terrarum simile regnum non potest nec poterit inveniri. Beide Stellen werden bereits von Paulinus citiert, vgl. Simonsfeld, Forschungen zur d. Gesch. (1875) Bd. 15, 148 f. und Sutter p. 21. Der von Boncampagno angeschlagene Ton klingt dann in der von ihm litterarisch beeinflussten Paduaner Geschichtschreibung wieder an. Rolandin lib. 3 cap. 11, MG. SS. 19, 62 im Gegensatz zu der inneren Zerrüttung und Haltlosigkeit in Padua: Felix Veneciarum comune! cum cives illi in agendis suis omnibus adeo ad communitatem respiciunt, ut Veneciarum nomen iam habeant quasi numen et iam fere iurent per Veneciarum reverenciam et honorem. Ann. S. Iustinae Patavini, MG. SS. 19, 175: Sed ipsi (Veneti), sicut viri astuti et donis sapientie et prudentie pre cunctis populis Italie predotati, tacite dissimulando tempus congruum expectabant.

rief. Wir haben bereits einige Bemerkungen dieser Art angeführt. Am bittersten äussert sich Salimbene[1]. Er nennt die Venezianer habgierige, filzige, abergläubige Menschen, die gern die ganze Welt unterjochen möchten, wenn sie könnten; die Kaufleute, die zu ihnen kämen, behandelten sie grob, nähmen ihnen an verschiedenen Orten ihres Gebiets Zölle ab, und liessen sie erst nach Verkauf aller ihrer Waaren heimkehren. Die Erhebung der Bolognesen hat daher seinen ganzen Beifall, und er wünscht nur, die Lombarden insgesammt möchten gegen die venezianische Anmassung zu den Waffen greifen. Man sieht, den Vorwurf der Vergrösserungssucht, der späterhin so beharrlich wiederholt worden ist[2], hat sich Venedig nicht erst seit der Occupation der terra ferma zugezogen.

In der Tat lässt sich die Geneigtheit Venedigs zu Gebietsannexionen auf dem Festland nicht in Abrede stellen. Gerade aus dem Bewusstsein der commerciellen Uebermacht ging allmählich das Verlangen auch nach territorialer Ausbreitung hervor.

Sehen wir ab von der vorübergehenden Untertänigkeit etwa Cervias im dreizehnten, oder von der Adrias im Beginn des vierzehnten Jahrhunderts[3], so zeigt sich diese Wandlung wohl am deutlichsten in dem bekannten Streite um Ferrara nach dem Tode des Markgrafen Azzo im Januar 1308.

Noch bedarf hier manches genauerer Aufklärung[4];

---

[1] Salimbene p. 252: Veneti avari homines et tenaces et superstitiosi et totum mundum vellent subiugare sibi, si possent; et rusticiter tractant mercatores etc.; ferner p. 253: contra quos et omnes Lombardi turbari et indignari deberent et exercitum ad pugnam producere.

[2] Vgl. Burckhardt, Cultur der Renaissance in Italien (1885[4]) 1, 69, 86 und Villari, N. Macchiavelli e i suoi tempi (1895[2]) 1, 54.

[3] Cervia (1275) Canale p. 684, daraus Dandolo p. 389; Adria (1310) Minotto III 2, 14; vgl. Bocchi, Episodii intorno la storia di Adria etc. nella guerra dei Veneziani sostenuta in Ferrara nel periodo 1308—1309 in den Atti del r. Istituto Veneto, Serie 6 Bd. 3, 193 ff. (1884/85). Auf die Kämpfe in Istrien und mit dem Patriarchen von Aquileja gehe ich nicht weiter ein.

[4] Ich verweise dafür im allgemeinen auf Romanin 3, 10 ff. und Som-

für unsere Zwecke genügt es, wenn wir das Verhalten der venezianischen Regierung im allgemeinen kennzeichnen.

Eine Instruction, die einer venezianischen Gesandtschaft an den Markgrafen auf die Nachricht von seiner Erkrankung mitgegeben wurde, lässt ihre Absichten ziemlich unverhüllt durchblicken [1]. Die Gesandten sollten zunächst das Beileid des Dogen aussprechen und ihre guten Dienste anbieten, zugleich aber die Gesinnung der markgräflichen Untertanen ausforschen, und so oft als möglich geheimen Bericht erstatten. Sei der Markgraf aber bereits tot oder im Begriffe zu verscheiden, so sollten sie nach eigenem Gutdünken für die Ordnung in Ferrara sorgent und falls die Einwohner einer andern Herrschaft zugeneig, seien, aufs schleunigste davon Kunde geben [2]. Offenbar war man in Venedig bereit, wenn die Gelegenheit sich darbot, zuzugreifen. Und daran fehlte es nicht, als nach dem Tode Azzos unter den Mitgliedern des markgräflichen Hauses der Streit um die Nachfolge ausbrach.

Der eine der Prätendenten nämlich trat seine Rechtstitel auf Ferrara an die Venezianer ab, worauf diese, auf die Rechtmässigkeit ihres Erwerbes pochend, sich beeilten, die Stadt in ihre Gewalt zu bringen. Unterdessen aber hatte auch Clemens V. die alten kirchlichen Ansprüche auf Ferrara erneuert [3]. Als nun von Seiten der päpstlichen

merfeldt, Die Romfahrt Kaiser Heinrichs VII. (1888) p. 8 ff., deren Darstellung im einzelnen jedoch vielfach ungenau und keineswegs ausreichend ist.

[1] Benutzt von Romanin 3, 11 angeblich aus Commemoriali lib. 1 fol. 31; im Wortlaut bei Marin 6, 345.

[2] Marin 6, 346: Datis tamen vobis operam indagandi de statu personae suae quantum poteritis melius, et de statu et conditione terrae et de vulgaribus hominum terrae et de voluntate ipsorum, quanto melius et sapientius et secretius et cautius poteritis, rescribentes nobis frequentissime quidquid inde reperietis. Si vero reperietis quod iam decessisset vel esset in statu decedendi, debeatis attendere ad bonum statum Ferrariae sicut vobis melius apparebit. Si Ferrarienses ad aliam partem vel aliud dominium declinarent, et inventa per vos occasione remanendi statum et conditionem quanto potestis celerius rescribatis.

[3] Dass der Papst sie zeitig erhoben haben muss, geht aus seinem

Bevollmächtigten abmahnende Vorstellungen in Venedig erfolgten, erteilte man hier zwar eine sehr verbindliche Antwort: es hiess, man habe sich allezeit der Kirche treu und ergeben erzeigt, und gedenke dies auch in Zukunft zu tun, gleichzeitige Vermittlungsversuche dritter aber wurden rundweg abgelehnt mit der offenen Erklärung, dass man seine wohlerworbenen Rechte in Kürze völlig durchzusetzen hoffe (Sept.) [1]. Als dann im October 1308 Ferrara von einem päpstlichen Heere eingenommen wurde, leisteten die Venezianer von festen Punkten aus, in die sie sich zurückgezogen hatten, energischen Widerstand; ja ein Bote der päpstlichen Bevollmächtigten wurde in Venedig mit dem Tode bedroht. Darauf verhängten diese Ende October die Excommunication über Venedig [2]; aber die Verhandlungen gingen weiter. Ende November [3] waren die Venezianer wieder so sehr im Vorteil, dass die Legaten grösseres Entgegenkommen zeigten als je zuvor. Hatten sie früher nur den Fortbestand der Verträge von 1240 garantieren wollen, auf denen die commercielle Machtstellung Venedigs beruhte, so waren sie jetzt bereit, die Mitherrschaft der Venezianer in weitem Umfang anzuerkennen [4]. Das Castell Tedaldo und der Borgo sollte im

Schreiben an Philipp den Schönen vom Oct. 1308 hervor, welches bereits längere Zeit geführte Verhandlungen voraussetzt, bei Baluze, Vitae paparum Avenionensium 2, 126 vgl. auch 2, 32, 37, 40 und 608. Man erfährt aus diesem Briefe, dass der französische König vermittelnde Schritte getan hatte, vgl. Perret, Histoire des relations de la France avec Venise du 13 siècle à l'avènement de Charles VIII (1896) 1, 19.

[1] Erklärung an die päpstl. Bevollmächtigten bei Minotto III 1, 146, an Padua ebenda III 1, 147.

[2] Verci, Storia della Marca Trevigiana 5, 109; Minotto III 1, 151.

[3] Ann. Caesenates, Mur. R. I. S. 14, 1134.

[4] 1308 Nov. 24, Reg. bei Minotto III 1, 153 und bei Predelli, I libri commemoriali 1, 91 nr. 387. Es ist der Mühe wert, den Wortlaut des sehr merkwürdigen Schreibens heranzuziehen, aus dem ich nach Commemoriali lib. 1 fol. 135v St.-A. Ven. die wichtigsten Stellen im folgenden mitteile. Die Legaten danken dem Dogen für den durch Bruder Heinrich von Rimini übermittelten Bescheid: Retulit namque nobis prudenter et honeste quam plurimum, *quod* ad faciendum, quod fit contra civitatem Ferrarie, *vos non*

Namen der römischen Kirche von den Venezianern auf eigene und auf Ferraras Kosten besetzt gehalten werden. Sodann sollte Venedig am Po Befestigungen anlegen dürfen, Ferrara dagegen versprechen, keinen Tyrannen anzunehmen, und der Podestà zunächst für Venedig und den römischen Stuhl das Regiment führen. Die Legaten versprachen endlich, sich dafür zu verwenden, dass der Papst den Dogen zum immerwährenden Defensor und Conser-

---

movit habendi cupiditas, nec etiam desiderium dominandi, sed solum ut civitas praefata in comuni et populo et non sub tyranno aliquo regeretur et quod cura vestra et vie Padi vobis non possent aliquatenus impediri. Quod considerantes vestre fidei puritatem ac iusticiam quas hactenus in vobis quodammodo habuistis innatas et secundum quod prefatus frater Henricus nobis per multiplicia exempla monstravit credimus esse verum et pro constanti tenemus; *non enim usus fuit vobis temporibus retroactis civitates et terras contra iusticiam vestro dominio subiugare* nec in eis tyrannicam sevitiam exercere, maxime terram ad Romanam ecclesiam, ut est Ferraria, in spiritualibus et temporalibus pertinentem, prout vobis possemus facere plenam fidem. Verum ut de premissis vestra nobilitas sit secura, ut exposcitis, et Romana ecclesia et nos cum vestra potencia civitatem ipsam iuxta votum vestrum tenere possimus, modos et vias cogitavimus infrascriptas, videlicet quod vos pro Romana ecclesia et vobis castrum Tedaldi et burgum cum vexillis Romane ecclesie et vestro cum custodibus vestris ad expensas vestras et comunis Ferrarie teneatis. Item quod per ripam Padi in punta Stellate vel alibi, ubi vobis videbitur expedire, fortilitium, insuper et in alia ripa Padi versus Arzentam facere possitis nec non recipere securitatem et depositum ab hominibus de Ferraria pos[s]itis, quod nullo tempore tyrannum habebunt. Item quod vos et quicumque de civibus per vos in Ferraria positus pro vobis et Romana ecclesia sit potestas in civitate prefata usque ad aliquos annos. Credimus enim firmiter quod hiis peractis nullus nec vos aut iura vestra vel Romane ecclesie, vestro fulte presidio, nec in Ferraria nec alibi in partibus circumadiacentibus [poterit] perturbare. *Interim autem nos offerimus totis viribus procurare, quod dominus noster papa vos pugilem et conservatorem ac defensorem Romane ecclesie ac iurium vestrorum et suorum in partibus istis constituat et totam civitatem Ferrarie cum comitatu perpetuo committat.* Si quos autem modos alios vestra nobilitas cogitaverit ad vota sua perficienda et iura manutenenda, nobis rescribere aut aliquos vel aliquem de vestris civibus ad colloquendum et tractandum nobiscum placeat destinare ad locum, ubi melius et congruencius pro nobis et eis vobis videbitur expedire, cum simus parati, in omnibus in quibus pos[s]imus secundum deum et honorem Romane ecclesie satisfacere votis vestris.

vator Ferraras und seines Gebiets ernenne. Überdies erklärten sie sich zu weiteren Abmachungen im Interesse beider Parteien bereit. Wäre auf dieser Grundlage eine Übereinkunft erzielt worden[1], so hätte nominell allerdings der Papst, tatsächlich Venedig die Gewalt in Ferrara in Händen gehabt, und es ist durchaus treffend, wenn ein Zeitgenosse bemerkt, Ferrara hätte Klein-Venedig genannt werden müssen[2].

Allein es kam zu einem vollständigen Bruch. Der Papst, der sich schon von Anfang an auf das entschiedenste gegen die „Excesse" der Venezianer ausgesprochen hatte, bot nun zu ihrer Bekämpfung die äussersten Mittel auf. Im März 1309 erging jene wegen ihrer Schärfe berüchtigte Bannbulle gegen Venedig und seine Anhänger[3], und das Kreuz wurde gegen sie gepredigt. Eine grosse Erhebung gegen Venedig folgte, wie Salimbene sie gewünscht hatte: die kirchlichen Verheissungen und der allgemeine Neid wirkten hier zusammen. Das Ergebnis war, dass die Venezianer in Ferrara eine schwere Niederlage erlitten (August 1309). Die Besatzung des Castells Tedaldo musste über die Klinge springen, die venezianische Flotte wurde zerstört, das Castell Marcamò erobert und dem Erdboden gleichgemacht. Und da die früheren Verträge jetzt null und nichtig waren, so war damit auch der commercielle Primat Venedigs in Frage gestellt. Aus dieser Bedrängnis aber half man sich durch einen Vertrag mit Verona[4] (März 1310), wonach dieses auf seine

---

[1] Anfangs Dezember kam ein Vertrag zwischen Venedig und Ferrara zu Stande, dessen Inhalt uns nicht genauer bekannt ist, der aber nur kurze Zeit in Geltung blieb.

[2] Ann. Parm. maiores, MG. SS. 18, 750: Et vocari debebat Feraria Venetia parva. Venetiani vero non considerato, quod Feraria erat civitas ecclesie, eam in suam acceperunt et muniverunt, et potestatem et capitaneum et alios rectores de suis ibi dimiserunt, reputantes eam alteram Venetiam et dicentes.

[3] Häufig gedruckt, z. B. bei Marin 5, 331.

[4] 1310 März 24 bei Minotto III 2, 17 und bei Predelli, I libri commemoriali 1, 99 nr. 425. Commemoriali lib. 1 fol. 160v: Pacta nova — occasione

Kosten und auf seinem Gebiet einen Canal von der Etsch nach dem Po graben liess, von genügender Breite, so dass zwei Schiffe in entgegengesetzter Richtung an einander vorbei fahren konnten, während Venedig — die Venezianer selber sollten in der Hauptsache abgabenfrei bleiben — die Hälfte aller früher von den Fremden in Ferrara gezahlten Abgaben an Verona zu überlassen versprach. Es ist, wie wir schon früher angedeutet haben, das erste Canalproject, das, alsbald ausgeführt, den Venezianern für ihren oberitalienischen Handel die Möglichkeit gewährte, das Gebiet von Ferrara zu umgehen. Eben dies aber war dem Papst mit nichten erwünscht. Indem er nach längeren Verhandlungen mit den Venezianern Frieden schloss[1], räumte er ihnen ihre alten Vorrechte in Ferrara wieder ein, während sie ihrerseits von der Benutzung jener neuen Strasse abstehen und den Verkehr wieder ganz an Ferrara vorbeizuleiten zu wollen erklärten.

strate faciende de Athace in Padum et de Pado in Athacem per terras Veronensium. Primo enim dicti Veronenses promiserunt et contenti fuerunt, dictam stratam fieri facere omnibus suis expensis per eorum terras per magnas aquas et latas, ita quod due naves eundo et redeundo possint se ad invicem permutare in havere, rebus, mercationibus omnibus et personis vehendis et revehendis super libero mercationum conductu et reconductu bonam, expeditam, liberam et securam etc.

1 1312 Nov. vgl. Theiner 1, 450, Minotto III 2, 28 ff.: Promittent Veneti, quod quandocumque per Lombardiam superiorem in qua quantum ad istum articulum intelligatur Mantua aut de ipsa Lombardia versus Veneciam merces portabunt, transibunt per districtum Ferrarie nec per alveum de novo factum quo transitur seu remigatur per districtum Verone aut per aliquem alium alveum factum vel faciendum seu fluvium vel aquam, nisi per Padum decurrentem per districtum Ferrarie huiusmodi merces in suis vasis vel alienis portabunt neque naves aut aliqua vasa Venetorum navigabilia Lombardis vel aliis volentibus navigare cum mercibus locabunt, commodabunt vel precario sive alio modo vel contractu seu quasi vendent seu ad gubernandum naves aut remigandum in eis aliquibus, quos scient vel credent velle transire cum mercibus suis per alium locum quam per cursum Padi districtus predicti versus superiorem Lombardiam et de ipsa versus Veneciam locabunt vel gratis prestabunt operas suas etc. — Alle Rechte auf Marchamò müssen sie aufgeben, 1313 Mai 12, Minotto III 2, 36: confessus est nullum habere Venetos ius in loco Marcamo et locis propinquis.

Zu dem Unternehmen von 1240 bildet so dieser neue Streit um Ferrara ein merkwürdiges Gegenstück. Wenn damals der Papst und seine oberitalienischen Alliierten mit Venedig im Bunde es ruhig hatten geschehen lassen, dass Ferrara zum Vorteil Venedigs commerciell zu Grunde gerichtet wurde, so leisteten sie jetzt, als es sich um die völlige Annexion Ferraras durch Venedig handelte, entschlossen Widerstand und brachten den Venezianern eine empfindliche Demütigung bei; es war für diese schon ein Erfolg, dass der Papst durch einen geschickten Gegenzug der venezianischen Politik sich nach kurzer Zeit veranlasst sah, ihnen die früheren mercantilen Gerechtsame zurückzugeben.

So also standen die Dinge: die commercielle Übermacht Venedigs war behauptet; aber mit dem Versuche, seine Herrschaft nach dem Festlande auszudehnen, hatte es nicht durchdringen können. Erst geraume Zeit später ist es dazu gekommen. Damals gaben die Übergriffe oberitalienischer Gewalthaber und die Kämpfe, die sie im Gefolge hatten, den entscheidenden Anstoss. Nur darf man in ihnen nicht, wie das wohl geschehen ist[1], die alleinige Ursache der Occupation erblicken. Vielmehr lag dieser Ausgang durchaus in der Richtung der ganzen Entwicklung, die wir hier beobachtet haben; sie drängte gleichsam einem solchen Abschlusse zu.

Wir stehen damit am Ende unserer Betrachtung, deren wichtigste Ergebnisse wir noch einmal kurz zusammenfassen.

Wir sahen, die Vorherrschaft Venedigs an der Adria hat sich im wesentlichen erst im zwölften und besonders

---

[1] Vgl. z. B. Romanin, Lezioni di storia Veneta (1875) 1, 292; in eigentümlicher Weise widerspricht sich Leo, Geschichte Italiens 3, 63 und 76. Die Verhandlungen in dem Kriege gegen die Scaliger sind noch nicht hinreichend aufgeklärt. Romanin, Storia docum. di Venezia 3, 124 steht mit 3, 131 nicht in Einklang; vgl. noch Bolognini, Le relazioni tra la repubblica di Firenze e la repubblica di Venezia nell'ultimo ventennio del secolo 14, Nuovo Archivio Veneto Bd. 9 (1895).

im dreizehnten Jahrhundert ausgebildet. Sie beruht weder auf den Privilegien der deutschen Herrscher noch auf der ersten Unterwerfung des dalmatischen Küstengebiets. Die frühesten Spuren zeigen sich in der Anerkennung der wirtschaftlichen Unentbehrlichkeit Venedigs von Seiten der nächsten Nachbarn. Unter Peter II. Orseolo nimmt Venedig bereits eine ansehnliche Machtstellung ein. Aber die Erfolge, die er erringt, sind doch mehr sein persönliches Verdienst als bleibender Machtzuwachs des Staates. Dalmatien insbesondere wird, wenn auch der Anspruch darauf festgehalten wird, später wieder sich selber überlassen. Erst die ungarische Invasion führt hier zur dauernden Festsetzung Venedigs. Um die Mitte des zwölften Jahrhunderts erwacht dann das Streben nach einer führenden Stellung an der Adria, das in der strafferen kirchlichen und administrativen Unterordnung des venezianischen Dalmatiens und in Schutzverträgen mit Küstenstädten zum Ausdruck kommt. Diese neue Autorität aber ist vorwiegend politischer Art und eigentlich nur im Osten der Adria anerkannt. Ferner ist Venedig über das zunächst erreichte im weiteren Verlaufe des Jahrhunderts trotz einzelner Versuche nur vorübergehend hinausgekommen. Gegenüber der völlig überwiegenden Bedeutung der venezianisch-byzantinischen Beziehungen mussten die übrigen Interessen vor der Hand zurückstehen. Im dreizehnten Jahrhundert aber vollzieht sich unter dem Einfluss politischer und wirtschaftlicher Veränderungen in dem Verhältnis Venedigs zu dem übrigen Italien in commercieller Hinsicht ein entscheidender Umschwung. Schritt für Schritt geht die venezianische Politik darauf aus, die Concurrenz zunächst auf dem Gebiete des Lebensmittelhandels zurückzudrängen. Eine günstige politische Constellation wird geschickt benutzt, um einen vernichtenden Schlag gegen den alten Handelsmittelpunkt Ferrara zu führen, worauf die frühere Organisation des Verkehrs auf dem Po und der Adria eine durchgreifende Umgestaltung in venezianischem Interesse erfährt. Binnen kurzem ist hier die venezianische Handelssuprematie allseitig anerkannt. Vereinzelte Auflehnungen dagegen bleiben erfolglos. Gleichzeitig kommt auch litterarisch die Theorie von der Herrschaft Venedigs auf der Adria auf, während von anderer Seite die venezianischen Ansprüche nicht minder entschieden bekämpft werden. An die commercielle Expansion aber schliesst sich die territoriale an; der Anschlag auf Ferrara im Beginn des vierzehnten Jahrhunderts ist in diesem Sinne ein Vorzeichen des künftigen Verlaufs der Dinge.

Beilage.

Zur Kritik Andrea Dandolos.

Die politischen Verhältnisse, unter denen Dandolo schrieb, sind an seiner Darstellung der älteren venezianischen Geschichte nicht spurlos vorübergegangen. Venedig befand sich damals Ungarn gegenüber in schwieriger Lage[1]. Der alte Streit um den Besitz Dalmatiens, der mit dem Vordringen der Ungarn an die Ostküste der Adria anhebt, lebte von neuem auf. Die Venezianer machten auf das Gebiet, das sie hier inne hatten, Jahrhunderte alte Gerechtsame geltend[2]. Doch waren sie bereit, die entgegenstehenden Ansprüche des ungarischen Königs mit Geld abzulösen. Dieser aber war von einem Verzichte weit entfernt. Und nicht bloss in Dalmatien kreuzten sich ihre Interessen. Eine Zeitlang schien es, als ob der König auch Neapel dauernd an sich bringen werde. Er bedrohte mit dieser Unternehmung die Herrschaft der Venezianer im Golfe, von der sie das Gedeihen ihres Staates abhängig wussten, die sie seit unvordenklicher Zeit zu besitzen meinten[3]. Noch gefährlicher aber

---

[1] Vgl. u. a. Romanin 3, 148 ff. und Huber 2, 210; dazu namentlich die Urkunden bei Ljubić Bd. 2 u. 3.

[2] Vgl. z. B. Ljubić 3, 34, 56, 60.

[3] Überaus bezeichnend ist die Darlegung des Nicolaus Leono in der Beratung vom 18. Nov. 1347, vgl. Ljubić 3, 37: Licet exquirendum sit per omnem viam et modum de vivendo in pace et quiete cum omnibus, maxime cum principibus mundi, tamen in quolibet casu agendum est id, quod sit noster honor et conservatio nostre iurisdictionis et status. Cum autem ultra omnia nostri antiqui et nos semper cor et mentem habuerimus ad defensionem et securitatem culphi nostri, in quo pendet totum nostrum bonum et statum, et concedere transitum huic domino (regi Ungarie) sic expresse, qui cum tanta novitate transire vult pro acquirendo regnum Apulie, non sit absque periculo et derogatione iurisdictionis nostre: vadit pars, quod in casu quo

wurde sein Bündnis mit Genua, dessen Anfänge Dandolo noch erlebte. In dem berühmten Kriege von Chioggia geriet Venedig wirklich an den Rand des Verderbens.

Man begreift es hiernach, wenn Dandolo, von der lebhaftesten Abneigung gegen Ungarn erfüllt, diese Gesinnung auch in seinen Annalen zum Ausdruck bringt. Er vertritt hier das gute Recht Venedigs gegenüber der ungarischen Anmassung: an der Hand der Geschichte sucht er es zu begründen. Zwar äussert er diese Absicht nicht geradezu; tatsächlich aber liegt sie seiner Darstellung zu Grunde. Bemerkungen, die er über die Entwicklung der staatsrechtlichen Beziehungen Dalmatiens einflicht, haben augenscheinlich zum Zweck, die Rechtmässigkeit des venezianischen Besitzerwerbs darzutun.

Wir erfahren, dass es ursprünglich zum griechischen Reiche gehört habe[1]. Dabei verbleibt es bis auf Karls des Grossen Zeit, der es durch die Verträge von 803 und 812 den griechischen Kaisern aufs neue überlässt[2]. Diese

---

dominus rex hanc interrogationem faceret, videlicet: si sibi daremus impedimentum in transeundo per mare vel per terram, respondeatur cum pulcris verbis, quod in omni re possibili et honesta non impedimentum, sed favorem reperiret in nobis; sed cum a tempore citra, cuius non extat memoria in contrarium, culphum nostrum possederimus et custodiverimus et presentialiter possideamus, et custodiamus cum magnis laboribus et expensis, habeamusque multa pacta et conventiones cum multis civitatibus et dominis mundi, quibus nunquam assentire voluimus, ymo expresse prohibuimus, ut cum armatis possint dictum nostrum culphum intrare, celsitudo regia nos quantum in facto transitus per mare potest habere merito excusatos. Verum cupientes etc.

[1] Dandolo p. 250: quia secundum historiographos Dalmatia prima provincia est Graeciae, quam in partitione imperii inter Carolum et Nicephorum per decretum sancitum orientis imperio habere permisit, et illam usque ad tempus Basilii et Constantini reges et principes presidentes nomine ipsius tenuerunt.

[2] Dandolo p. 150: Nicephorus igitur orientale imperium suscepit anno domini 803. Hic nuntios Carolo misit et cum eo foedus iniit. — In hoc foedere seu decreto nominatim firmatum est qnod Venetiae urbes et maritimae civitates Dalmatiae, *quae in devotione imperii illibatae persliterant*, ab imperio occidentali nequaquam debeant molestari, invadi vel minorari et

üben dann über die Herrscher des Landes die Oberhoheit aus, bis von den Einwohnern dazu aufgefordert und mit Erlaubnis der griechischen Kaiser der Doge Peter II. Orseolo die Herrschaft erwirbt und den Titel eines Herzogs von Dalmatien annimmt[1]. Der Doge Vitale Falier endlich sucht bei Alexius um Bestätigung der ihm von den Einwohnern Dalmatiens und Kroatiens übertragenen Rechte nach, erhält sie, und nennt sich seitdem auch Herzog von Kroatien[2]. Von Seiten der Untertanen also wie der ehemaligen Oberherren wird der Herrschaftsübergang an Venedig anerkannt.

Die beträchtlich später erfolgende ungarische Eroberung Dalmatiens durch Koloman erscheint dagegen als der schnöde Bruch eines Abkommens mit Venedig. Koloman, so erzählt Dandolo, hat mit dem Dogen ein Bündnis gegen die Normannen geschlossen und auf venezianischen Schiffen ein Heer nach Apulien ausgeschickt. Hernach aber bemächtigt er sich Dalmatiens, während die Venezianer im heiligen Lande Sidon belagern helfen. Allein kaum ist er heimgekehrt, so ereilt ihn ein jäher

---

quod Veneti possessionibus, libertatibus et immunitatibus, quas soliti sunt habere in Italico regno pacifice perfruantur. Vgl. noch p. 155, 158 u. 163. Über den angeblichen Vertrag von 803 vgl. Abel-Simson, Jahrb. Karls des Grossen (1883) 2, 289 n. 5 und dazu Fanta p. 83.

[1] Dandolo p. 227: Mucimirus — regnum (Croatorum) obtinuit, damna inferens maritimis civitatibus Dalmatiae. Qua de causa Veneti ab illis evocati cum permissione Basilii et Constantini imperatorum Constantinopolitanorum, a quibus reges illi sceptrum antiquitus recognoverant, dominium Dalmatiae primitus acceperunt, ut historia, quam reperimus in antiquissimis Graecorum et Venetorum codicibus, prout sequitur, seriose declarat; ferner p. 230: Inde dux pari omnium consensu ducem Dalmatiae se primitus nominavit.

[2] Dandolo p. 250: Qui Augusti hortatione Andream Michaelem, Dominicum Dandulo et Iacobum Aurio legatos Constantinopolim misit, ut iurisdictiones Dalmatiae et Croatiae sibi ab incolis traditas obtineret, quas Constantinopolitano imperio pertinere noverat, quia secundum historiographos — tenuerunt; vgl. oben S. 86 n. 1. Euntes autem legati ab Alexio alacriter iussi crusobolium Dalmatiae et Croatiae et sedis protosevastos obtinuerunt. Quibus postea reversis dux suo addidit titulo: atque Croatiae et imperialis protosevastos.

Tod, „das göttliche Strafgericht für die Verletzung jenes Bündnisses, wie man glaube", sagen die Annalen[1]. Immer wieder sehen sich die Venezianer genötigt, die dalmatischen Städte zurückzuerobern, weil die „Hungarica rabies" sie ihnen abspenstig macht. Mit Genugtuung bemerkt Dandolo, dass der Papst in der Urkunde über die Erhebung Zaras zum Erzbistum die ungarische Invasion als „ungerecht" bezeichne[2].

Über den Eindruck, den diese Darstellung zu erzielen wünscht, kann somit nicht wohl ein Zweifel bestehen. Dagegen fragt es sich, wie sie sich zu der älteren Überlieferung verhält, die Dandolo vorfand, auf die er sich zu berufen pflegt. Bekanntlich sind die Quellen, die er benutzt hat, zum guten Teil noch vorhanden[3]; wir können also noch feststellen, welchen Gebrauch er von ihnen macht. Und da zeigt es sich, dass er ihre Angaben willkürlich zusammensetzt und überarbeitet, wie es ihm für seine Zwecke passte.

Jene Nachricht z. B. von dem Bündnis Kolomans mit dem Dogen gegen die Normannen und von einer venezianisch-ungarischen Expedition nach Apulien hat Dandolo aus zwei verschiedenen Quellen[4]. Was die Expedition anlangt, so benutzt er hier den Paulinus, den er auch

[1] Dandolo p. 259, 264, 265; ich komme auf diese Angaben zurück.

[2] Dandolo p. 272: Postea in Dalmatiam veniens, Spalatum et Tragurium, quos submiserat *Hungarica rabies* bello, fugatis illis recuperavit et sibi solitam fidelitatem exhiberi fecit; ferner p. 285: Dum haec agerentur, cum de Salona in Spalatum foret translata metropolis, eamque Tragurium, Sebinicum et plura alia loca Croatiae *Hungarica rabies* occupasset, Iadra cum insulanis urbibus sub ducali protectione manentibus, gravis inter ipsas civitates est orta dissensio. Tunc Lampredius episcopus ducis praesidio ab Anastasio papa, ut Iadrensis ecclesia metropolis et palliata de cetero foret, privilegium obtinuit illique insularum cathedrales ecclesias Romanae ecclesiae obedientes subiecit. Quam Ungarorum invasionem hic pontifex in privilegio de hoc obtento iniustam decernit. Vgl. oben S. 24 n. 2.

[3] Man vergleiche die sorgfältige Analyse der Quellen bei Simonsfeld, Andrea Dandolo p. 54 ff. und 143 ff., zu der nur an ganz wenigen Stellen Nachträge oder Berichtigungen erforderlich sind.

[4] Simonsfeld p. 156.

sonst häufig heranzieht. Paulinus aber hat die Angabe wohl aus Keza geschöpft[1]; wenigstens erscheint sie bei Keza, wie eine Vergleichung zeigt, in vollständigerer und ursprünglicherer Fassung.

Dandolo, Mur. R. I. S. 12, 259.

Hoc tempore Colomanus rex Hungariae misit exercitum in Dalmatiam et occidi fecit regem Petrum *et per legatos suos cum Venetorum duce foedus iniit contra Normannos* et pariter exercitum in Apuliam ad eorum damna mittere statuit. Parata autem classe per Venetos, regius apparatus in Apuliam navigans Brundusium et Monopolim obtinet et tribus mensibus Apuliam vastant et redeunt.

Paulinus, Mur. Ant. Ital. 4, 969.

Rex Hungariae misit exercitum in Dalmatiam et occidi fecit regem Petrum et cum navigio Venetorum transmisit exercitum in Apuliam, ubi Monopolim et Brundusium occupavit et tribus mensibus Apuliam percurrerunt et in Dalmatiam redierunt, remanente in Apulia cum Venetis Hungaro capitaneo pro rege.

Simon de Keza, Gesta Hungarorum Mon. Germ. SS. 29, 544.

Iste quoque in regnum Dalmacie misso exercitu occidi fecit regem Petrum, qui Hungaris in montibus qui Gozd dicuntur occurrens est devictus in montibus memoratis et occisus, unde iidem montes usque hodie in hungarico Patur Gozdia nominantur. Sedes enim huius regis in Tenen erat civitate. Hoc ergo facto et regno Dalma-

[1] Ausser Keza sind noch die späteren ungarischen Quellen, Chron. Budense ed. Podhraczky p. 181, Marci chronicon (Chr. pictum Vindobonense) bei Florianus, Hist. Hungar. fontes domestici 2, 206 und Thurocz bei Schwandner, Script. rer. Hungar. 1, 138 zu vergleichen, die die Nachricht in etwas abweichender Fassung bringen. Vgl. über diese Chroniken Huber in den Mitt. des Instituts für öst. Geschichtsforschung 4, 128 ff. in seiner Anzeige von Marczalis Ungarns Geschichtsquellen im Zeitalter der Arpaden (1882). — Eine genauere Prüfung der zwischen Paulinus und Keza bestehenden Beziehungen wäre sehr zu wünschen, namentlich für die bisher noch nicht untersuchte Entwicklung der Tradition über die Anfänge Venedigs.

cie conquestato galeas, naves et teritas cum Venetis solidavit, mittens cum eis exercitum Hungarorum in Apuliam, ubi Monopolim et Brundusium civitates occuparunt, civibus quibusdam fidem Venetis observantibus. Cumque easdem civitates ad tenendum Venetis reliquissent, concitatis cursibus planum Apulie in quibusdam locis devastantes tribus mensibus in ea permansere. Tandemque ad naves redeuntes per mare in Dalmatiam revertuntur, capitaneo Hungaro et regis Hungarie banerio ibidem cum Venetis derelictis. Quas quidem civitates Guillelmus iunior rex Sicilie per auxilium Pisanorum cum magnis sumptibus postmodum vix rehabuit.

Mit dieser dem Paulinus entnommenen Überlieferung, die ich, nebenbei bemerkt, im Gegensatz zu der gewöhnlichen Ansicht nicht für verlässlich halte[1], verbindet Dandolo nun die Angabe, dass Koloman durch seine Gesandten mit dem Dogen ein Bündnis gegen die Normannen vereinbart habe. Aber seine Quelle, ein Brief des ungarischen Königs an den Dogen, berichtet nichts über einen solchen Inhalt des Bündnisses. Nur von einem Freundschaftsvertrage, einer „convenientia amicitiae", ist hier die Rede[2]. Dass es sich um ein Bündnis gegen die Normannen gehandelt habe, ist ein Zusatz, der lediglich auf Dandolos Rechnung kommt.

Sodann enthält jener in dem Brief mitgeteilte Freundschaftsvertrag zwar eine Garantie des venezianischen Besitzstandes; allein, indem er ihn übersendet, legt Koloman gleichzeitig gegen die venezianischen Ansprüche auf Dalmatien und Kroatien Verwahrung ein. Auf Grund jenes

[1] Dass die Venetianer *nach* der Eroberung Dalmatiens durch Koloman, wie Keza berichtet, sich mit dem König gegen die Normannen verbündet haben, ist wenig wahrscheinlich. Vollends unglaublich aber ist, was Keza über die Besetzung von Monopoli und Brindisi durch die Venezianer erzählt. Auf jeden Fall ist Dandolos Angabe, der die Expedition vor die ungarische Eroberung Dalmatiens setzt, unhaltbar.

[2] Das Schreiben des Königs und der Vertrag sind oben S. 18, 19 erläutert worden.

Briefes also war Dandolo mit nichten berechtigt, den König wegen der Eroberung Dalmatiens eines an Venedig begangenen Vertragsbruches zu zeihen[1].

Ferner aber behauptet er, die Eroberung sei erfolgt, während die Venezianer drüben in Palästina bei der Belagerung von Sidon beschäftigt waren. Bekanntlich fällt dies Ereignis in das Jahr 1110; nach Dandolos Rechnung sogar in noch etwas spätere Zeit[2]. Die Eroberung Dalmatiens aber vollzog sich ganz im Beginn des zwölften Jahrhunderts, und Dandolos Gewährsmann, Thomas von Spalato, setzt sie ausdrücklich in das Jahr 1103[3]. Trotzdem stellt Dandolo den Sachverhalt so dar, als ob Koloman die Abwesenheit der Venezianer benutzt habe, um sich Dalmatiens zu bemächtigen.

Wenn er nun weiterhin betont, der jähe Tod des Königs bald nach seiner Heimkehr sei, wie man glaube, die göttliche Strafe für seinen Vertragsbruch an Venedig gewesen, so werden wir schwerlich in der Vermutung fehlgehen, dass wir es hier mit einer Fiction Dandolos zu tun haben[4].

---

[1] Andrerseits erklärt es sich gerade aus dem Inhalt jenes Vertrags, wie Dandolo dazu kam, die Eroberung Dalmatiens als die Verletzung des gegen die Normannen geschlossenen Bündnisses zu bezeichnen.

[2] Er erwähnt unmittelbar vorher das Pactum Heinrichs V. mit Venedig (1111 Mai). Dann fährt er fort p. 264: Sequenti anno dux — stolum fere navigiorum centum destinavit, qui a Balduino rege alacriter visi una cum illo ad obsidendum Sidonem processerunt etc. — Interea Calomanus Ungarorum rex etc.

[3] Thomas von Spalato cp. 17 bei Lucius p. 326 nach der Eroberung Dalmatiens durch Koloman: et sic in Ungariam est regressus anno domini 1103. Die Unterwerfung des binnenländischen Kroatiens durch Ladislaus, Kolomans Vorgänger, die Thomas ebenda erwähnt, hat Dandolo mit Stillschweigen übergangen.

[4] Dandolo p. 265: et in Pannoniam rediit et post pusillum improvisa morte sublatus est: quod divino iudicio ex foedere Venetis abrupto creditur contigisse. Koloman starb im Februar 1114; vgl. Huber 1, 343. Ganz ähnlich bemerkt Johannes Diaconus MG. 7, 28, ed. Monticolo p. 147 von Kaiser Otto II.: unde non dubium est, ut quidam spiritalis monachus angelo sibi indicante cognovit, quod ob Veneticorum afflictionem inopinatam

Es folgt die Nachricht, dass der Doge, um Dalmatien wiederzugewinnen, im Jahre 1112 den Patriarchen von Grado zu dem griechischen Kaiser gesendet habe, um über den Vertragsbruch des ungarischen Königs Klage zu führen und ausreichende Unterstützung gegen ihn zu fordern, unter Berufung auf die dem griechischen Reiche von den Venezianern geleisteten Dienste. Der Kaiser, heisst es weiter, habe eingewilligt, aber Aufschub angeraten, und so sei der Gesandte, nachdem er sein Vorhaben erledigt, heimgekehrt[1]. Hiernach sieht es so aus, als ob die Venezianer die Wiedereroberung Dalmatiens unverzüglich hätten ins Werk setzen wollen. Nun ist die Gesandtschaft des Patriarchen im Jahre 1112 auch anderwärts bezeugt[2]; wir besitzen auch die Quelle, die der Nachricht Dandolos teilweise zu Grunde liegt; doch steht dort nur, dass der Patriarch als Gesandter zu dem griechischen Kaiser gegangen sei[3]: über den Zweck der Ge-

incurisset mortem. — Die Ausführungen Simonsfelds p. 106 f. sind nicht ganz zutreffend. Die von ihm vermisste Quelle für Dandolos Angaben über den Hoftag, den Koloman in Zara hielt, und über die Geschenke des Königs an die Kirchen von Spalato, Zara und Arbe ist die Notiz im liber Pactorum primus fol. 150v, gedruckt z. B. bei Ljubić 1, 5 mit dem willkürlichen Datum 1108. Auch hat Simonsfeld übersehen, dass Dandolo die ihm vorliegende Überlieferung in tendenziöser Weise verarbeitet hat.

[1] Dandolo p. 265: Dux igitur anno decimo [1112] ad Dalmatiam recuperandam intendens patriarcham Constantinopolim cum 14 galeis Alexio imperatori legatum mittit, et regalem invasionem promissi foederis oblitam exponi fecit et subsidium opportunum ab eo sibi exhiberi postulavit, maxime quia opera comprobaverat, sui imperii Venetos fuisse intimos zelatores. Augustus requisitioni consentiens ad intentum perficiendum dilationem consuluit, et sic legatus obtento proposito ad ducem rediit.

[2] Urkunde von 1112 September: libras denariorum duo milia, quas partim dedimus domino Iohanni Gradonico patriarchae nostro in conductum et apparatum nostrae legationis, quam ipse nobis habet ad imperatorem Constantinopolitanum, ed. R. Boldù, ferner (Cecchetti), Programma p. 9. — Sollte sie etwa mit den gleichzeitigen Verhandlungen zwischen Rom und Byzanz in Zusammenhang stehen?

[3] Ann. Venet. breves p. 71: Anno domini 1112 mense novembris, indicione sexta, ivit Petrus patriarcha legatus ad imperatorem cum galeis 14. Dementsprechend stand im cod. 400 Zanetti der Annalen Dandolos ursprünglich

sandtschaft wird nichts näheres ausgesagt. Wenn nun Dandolo wissen will, der Patriarch habe sich über den Vertragsbruch des Königs beschweren sollen, so darf man das nach allem, was sich über dessen angebliches Verschulden feststellen lässt, füglich bezweifeln. Ferner haben die Venezianer bei Lebzeiten des Königs keinen Versuch gemacht, ihm Dalmatien wieder zu entreissen. Der Verdacht liegt daher nahe, dass Dandolo dem Patriarchen jenen Auftrag untergeschoben habe, um mit dem Bescheid, den er ihn zurückbringen lässt, die Untätigkeit der Venezianer zu beschönigen.

So wiederholt sich stets dieselbe Erscheinung: Bruchstücke der älteren Überlieferung werden zu einer durch und durch parteiisch gefärbten Darstellung zusammengefügt.

Wo wir nun Dandolos Quellen noch nachweisen können, da ist die Controle seiner Angaben unschwer durchführbar. Indessen hat er eine Anzahl von Nachrichten, die Dalmatien und sein Verhältnis zu Venedig und Ungarn betreffen, deren Herkunft sich nicht mehr

---

folgendes zu lesen: *Inter hec diem functo Iohanne Gradonico patriarcha et in ecclesia Sancti Cypriani sepulturae tradito* — die Worte „et — tradito" sind am Rande nachgetragen — *quidam Petrus absque cognomine illi subrogatur.* Dux igitur anno decimo ad Dalmatiam recuperandum intendens, *hunc* patriarcham cum 14 galeis Alexio imperatori legatum mittit u. s. w. Die hier cursiv gedruckten Worte sind dann aber später durchgestrichen (und in keine der anderen Handschriften übergegangen), offenbar, weil Dandolo, wie Simonsfeld p. 94 mit Recht bemerkt, den Irrtum des Schreibers der Annales breves erkannte, da Johannes nicht gestorben, sondern noch Patriarch war. Auch die weitere im cod. 400 fol. 117 am Rande nachgetragene, die Patriarchenliste fortsetzende Angabe: „post Petrum patriarcham Ioannes natione Venetus succedit" hätte dann getilgt werden müssen. Denn auf Johann Gradenigo ist Heinrich Dandolo gefolgt. Da sie stehen blieb, ist sie auch in die anderen Handschriften übernommen worden, vgl. Dandolo p. 270 B. Ich bemerke noch, dass auch die folgenden Nachrichten Dandolos über die Patriarchen von Grado im cod. 400 ähnliche Versehen und Berichtigungen aufweisen, fol. 118 vgl. Dand. p. 273 A, fol. 119 vgl. Dand. p. 276 A, fol. 119v vgl. Dand. p. 279 B, fol. 120 vgl. Dand. p. 279 D.

sicher erkennen lässt[1]. Inwieweit diese Angaben glaubhaft oder zu verwerfen sind, ist ungleich schwieriger zu bestimmen. Ich möchte auf einige wichtigere Fälle dieser Art näher eingehen.

1. Nach der Historia Ducum war der Doge Vitale II. Michiel mit dem ungarischen König zuerst verfeindet, u. a. Zaras wegen, das sich empört und unter ungarischen Schutz begeben hatte, das er daher wiedererobern muss. Hierauf aber stellen sich freundschaftliche Beziehungen mit dem König her, und dieser giebt den beiden Söhnen des Dogen ungarische Fürstinnen zur Ehe. Gewissermassen umgekehrt erscheint der Hergang bei Dandolo. Nach ihm vermittelt der König die beiden Ehen nur zum Schein, fällt dann in Dalmatien ein, das er grössten Teils in Besitz nimmt, und verleitet später auch die Bewohner von Zara, sich ihm zu ergeben, worauf die Venezianer Zara wiedererobern. Auch im einzelnen finden sich Abweichungen, so nahe sich im übrigen beide Berichte stehen. Nach der Historia Ducum geben die Bewohner von Zara dem Dogen bei der Unterwerfung anheim, ihnen, wen er wolle, als Grafen zu setzen, und es wird hierauf Domenico Morosini, der Führer des Belagerungsheeres dazu bestellt. Nach Dandolo wäre Morosini schon vorher Graf von Zara gewesen[2], bei der Empörung vertrieben und nach der Eroberung wieder eingesetzt worden.

[1] Simonsfeld p. 105—108, vgl. auch p. 85, will diese und andere Nachrichten auf eine verlorene, in der Historia Ducum mehrfach erwähnte Chronica Venetorum zurückführen, die Dandolo z. T. wörtlich benutzt habe. Unter diese wörtlich übernommenen rechnet er insbesondere die schon besprochene Stelle p. 265: quod divino iudicio ex foedere Venetis abrupto creditur contigisse, weil so ein Zeitgenosse schreibe oder einer, der den Ereignissen nahestand. Ich kann ihm aus dem oben angeführten Grunde in dieser Annahme nicht folgen.

[2] Dandolo p. 285: Eodem anno [1151/52] Dominicus Maurocenus ducis filius, cuius acta Istricus populus laudare non desinit, Iadrae comes efficitur. Simonsfeld p. 106 sieht auch in dieser Stelle eine wörtliche Entlehnung aus jener verlorenen Chron. Venetorum. In dem Privileg Friedrichs I. für Venedig von 1154 führt Morosini den Titel: Iadrae comes noch nicht. Er ist zuerst damit nachweisbar in zwei Urkunden vom Juni und August 1164.

Historia Ducum, Mon. Germ. SS. 14, 76.

„Cum rege quoque Ungarico dux idem (Vitalis Michael) inimicicias habuit, tum quia rex ille imperatorem predictum (Manuelem) in multis leserat, unde Veneti Ungaros ubicumque poterant offendebant, tum eciam quia Iaderam 30 milibus virorum propter Iadrensium proditionem occupaverat eamque violenter tenebat. Oderant enim Iadrenses Venetos, propterea quod archiepiscopatum suum ipse dux patriarchatui Gradensi subesse debere dicebat, cum eciam ipsa Iadrensis civitas sub iurisdictione Venecie dudum fuisset, ducibusque Venecie Iadratini fidelitatem semper iurassent. Unde memoratus dux paratis 30 galeis, civitatem Iadrensem in propria persona adivit; quem prefate civitatis cives recipere noluerunt. Et propter hoc iratus rediens, exercitum paravit copiosum galearum et gattorum et militum et eum ad debellandam Iaderam destinavit. Cumque omnis terra esset Ungaris occupata, expugnata est Iadera potenter a Venetis; sed fracta scala cuiusdam gatti multi perierunt nobiles loricati. Porro, quia timor et tremor ita invaserat Ungaros, quod nullum putarent se posse obtinere subsidium, relictis tentoriis et suppellectili universa, miseri aufugerunt. Iadrenses eciam se et civitatem Venetis sine conditione reddiderunt, iurantes omnes a duodecimo et supra domino duci fidelitatem, et archiepiscopatum suum ex tunc Gradensi patriarchatui subponentes. His ergo feliciter peractis, predictus Venetorum exercitus cum victoria et leticia magna Veneciam est reversus. Et post paucos dies nobiliores Iadere ferme ducenti ad ducem venerunt pecieruntque humiliter, ut dux comitem Iadrensibus daret, quemcunque vellet. At dux virum illis providum comitem dedit, Dominicum scilicet Maurocenum, memorati ducis Dominici Mauroceni filium, qui eciam prefati exercitus capitaneus extiterat. Predictus namque rex Ungaricus amicus fuit *postea* memorato duci, quia et filio illius Leonardo comiti Absari ducis Desse filiam, qui potencior fuit in tota Ungaria, dedit uxorem.

Alter quoque illius filius, scilicet Nicholaus comes Arbensis, Ladisclavi regis Ungarici filiam accepit in coniugem.

Dandolo, Mur. R. I. S. 12, 292.

Inter haec Stephanus rex Ungariae cum duce amicitiam fingens Leonardo eius nato comiti Auseris filiam ducis Desse in coniugem tradidit, et Nicolao similiter ducis nato et Arbae comiti Mariam filiam Ladislai de stirpe regali in uxorem dedit. Rex autem quod in corde conceperat evomens, ad maritima cum exercitu venit, et immunitatibus Dalmatinos attrahens, Spalatum, Tragurium et Sebinicum et plura alia loca demum obtinuit illosque largifluis privilegiis insignivit. Iadratini igitur subiectionem sui archiepiscopatus patriarchae Gradensi molestam habentes, nunc tertio rebelles duci effecti Dominicum Mauroceno defuncti ducis natum eorum comitem expulerunt, et regis vexilla erigentes se eius dominio tradiderunt. Dux illico 30 galeis armatis Iadram properat, quam ab Hungaris munitam inveniens, dum obtinere nequiret, Venetias remeavit.

Dux itaque anno XV [1170] ingentem paratum exercitum cum Dominico Mauroceno capitaneo denuo Iadram mittit, quos ex Hungarorum praesidio in errore tenaces appositis scalis et gattis diris et variis insultibus idem capitaneus impugnare non desinit. Hungari ob hoc territi, relictis tentoriis fuga salvati sunt. Cives tunc desolati de solita Venetorum gratia confidentes Iadrensem civitatem capitaneo libere tradiderunt, qui eamdem muniens ducentum de nobilibus Iadrae secum assumptis Venetias rediit. Iadrenses igitur, qui advenerant, ius primatis, super quo archiepiscopum patriarchae Gradensis concessum profitentes, diruptis muris et datis obsidibus, obtenta a duce venia, in urbe sua restituti sunt, et Dominicus Mauroceno, qui comes primo et postea in acquisitione civitatis capitaneus fuerat, in comitatu reintegratus est.

Neben der Historia Ducum und Dandolo kommen nun aber noch die Angaben anderer venezianischer Quellen in Betracht. So berichten die Annales breves die Expedition gegen Zara zum Jahre 1159, die Ankunft der einen Braut in Venedig zum Jahre 1167[1], stimmen also insofern mit der Historia Ducum, die einer genauen Zeitangabe entbehren, aufs beste überein. Marcus dagegen bringt die Eroberung Zaras zum Jahre 1170, und befindet sich hierin mit Dandolo in Einklang[2].

Danach wäre es möglich, dass über den Zeitpunkt der Expedition zwei verschiedene Überlieferungen bestanden hätten, wie denn auch eine andere Eroberung Zaras im elften Jahrhundert von den Annales breves und Martin da Canale zu 1062, von Marcus und Dandolo dagegen, die auch hier zusammengehen, zu 1050 eingereiht wird[3]. Freilich könnte Dandolo beide Male dem Marcus folgen, diesem aber ein Versehen begegnet sein, obschon das nicht eben wahrscheinlich ist. Wie es sich aber auch damit verhalte, man wird dem Berichte der älteren Quellen, d. h. der Historia Ducum und den Annales breves, den Vorzug geben müssen, die, obwohl von einander unabhängig, sich gegenseitig entsprechen und ergänzen[4]. Wenn andrerseits Dandolo den ungarischen König gewissermassen der Heuchelei beschuldigt und ihm eine sonst nirgends bezeugte Eroberung Dalmatiens zuschreibt, so könnte ihn dazu seine Neigung, den Ungarn übles nachzusagen, verführt haben, die er, wie wir sahen, des öfteren betätigt[5].

1 Ann. Venet. breves p. 71: Anno domini 1159 exierunt Venetici cum magno exercitu ad Iaderam et comprehenderunt eam; ferner: Anno domini 1167 mense Decembris — venerunt legati regis Ungarie et duxerunt neptiam ipsius regis nomine Mariam in uxorem comitis Nicolay, filio Vitalis Michaelis ducis. Vgl. Simonsfeld p. 103 n. 1.

2 Marcus p. 259: Anno 1170 exercitus Venetorum cepit Iadram et remansit ibi comes dominus Dominicus Maurecenus.

3 Vgl. S. 15 n. 1.

4 Giesebrecht, Geschichte der deutschen Kaiserzeit 5, 677 setzt die Eroberung zu 1170. Er hält es 6, 497 für zweifelhaft, ob in der Historia Ducum die Eroberung von 1159, die die Annales breves erwähnen, oder die von 1170, von welcher Marcus spricht, gemeint sei! Giesebrecht scheint also eine wiederholte Eroberung anzunehmen, was sicher unrichtig ist.

5 Unhaltbar sind die Ausführungen von Kap-herrs p. 94 n. 5. Huber

2. Ich wende mich nun zu den Nachrichten Dandolos, die die Begründung der venezianischen Herrschaft in Dalmatien und Kroatien betreffen.

Was er über die erste Unterwerfung Dalmatiens durch Peter II. Orseolo erzählt, will er „in antiquissimis Graecorum et Venetorum codicibus" gefunden haben[1]. Tatsächlich benutzt er zwei noch heute vorhandene Quellen, den Thomas von Spalato[2] und den Johannes Diaconus[3], deren Angaben er in eigentümlicher Weise combiniert. Was er mehr hat, ist lediglich die an einer Stelle eingeschobene Bemerkung, die Unterwerfung sei erfolgt „cum permissione Basilii et Constantini imperatorum Constantinopolitanorum". Sollte er jedoch diese wenigen Worte wirklich einer dritten Quelle entlehnt und nicht vielmehr von sich aus hinzugefügt haben, um den Herrschaftsübergang an Venedig zu legitimieren[4]?

Die Ausführung Dandolos über die Erwerbung Kroatiens muss ich im Wortlaut hierher setzen: sie bildet für

---

2, 366 folgt Dandolo. — Auch die angebliche ungarische Eroberung Dalmatiens, von der Dandolo p. 285 erzählt, beruht nur auf seiner tendenziösen Auslegung der Urkunde Anastasius IV., Jaffé-Löwenfeld nr. 9928. Ebenso sind die Angriffe der Könige Andreas und Salomo von Ungarn auf Dalmatien p. 239 und 244 m. E. von Dandolo erfunden; dass sie aus chronologischen Gründen unmöglich sind, hat schon Lucius p. 82 bemerkt.

[1] Dandolo p. 267: ut historia, quam reperimus in antiquissimis Graecorum et Venetorum codicibus, prout sequitur, seriose declarat.

[2] Wie zuerst Lucius p. 79 bemerkt hat. — Auch die Namen der kroatischen Herrscher Tirpimir und Mucimir hat Dandolo aus Thomas. Wenn Simonsfeld p. 128 sie in dieser Quelle nicht fand, so liegt das daran, dass in der von ihm benutzten Ausgabe die bezügliche Stelle fehlte. Sie lautet: Petrus archiepiscopus fuit anno domini nongentesimo nonagesimo, tempore Tirpimiri et Muncimiri, filii eius regum, und findet sich z. B. im cod. Vatic. nr. 6525 nach Rački p. 429. Vgl. p. 42 der mir während des Druckes zugegangenen neuen Ausgabe des Thomas von Rački in den Mon. spect. histor. Slavorum meridionalium vol. 26, Scriptores vol. 3 (1894).

[3] Simonsfeld p. 63, 122, 128.

[4] Dass diese Notiz etwa aus einer Urkunde geschöpft sei, ist an sich nicht wahrscheinlich. Auch bezieht sich Dandolo auf eine Historia, die er gefunden habe, nicht auf Urkunden.

seine Auffassung der venezianischen Ansprüche auf Dalmatien und Kroatien recht eigentlich die Grundlage[1].

„Vitalis Phaledro dux approbatur anno domini nostri Iesu Christi millesimo octogesimo quarto. Hic pronomine Dedonis expulsioni praedecessoris populo persuasit. Qui Augusti (Alexii) hortatione Andream Michaelem, Dominicum Dandulo, et Iacobum Aurio legatos Constantinopolim misit, ut iurisdictiones Dalmatiae et Croatiae sibi ab incolis traditas obtineret, quas Constantinopolitano imperio pertinere noverat, quia secundum historiographos Dalmatia prima provincia est Graeciae, quam in partitione imperii inter Carolum et Nicephorum per decretum sancitum Carolus orientis imperio habere permisit et illam usque ad tempus Basilii et Constantini reges et principes praesidentes nomine ipsius tenuerunt. Euntes autem legati ab Alexio alacriter iussi crusobolium Dalmatiae et Croatiae et sedis protosevastos obtinuerunt. Quibus postea reversis dux suo addidit titulo: atque Croatiae et imperialis protosevastos".

Dass nun Dandolo hier an irgend eine bestimmte Überlieferung anknüpft, darauf deutet seine Kenntnis der Namen der drei Gesandten. Auch findet sich eine ähnliche, im einzelnen freilich beträchtlich abweichende Version in einer noch ungedruckten, angeblich unter Dandolos Ducat entstandenen Chronik[2].

---

[1] Vgl. Dandolo p. 249, und dazu N. Arch. f. ält. d. GK. 18, 341.

[2] Es ist die von Simonsfeld sogenannte Recension B Dandolos, vgl. p. 39, 43—53. Seinen Bemerkungen über ihr Verhältnis zu der kleinen Chronik und zu den Annalen Dandolos kann ich nicht durchweg zustimmen. Ich bezweifle namentlich, dass B von Dandolo herrührt. Doch ist hier nicht der Ort, das im einzelnen zu begründen. Die oben angeführte Stelle nach Marc. cl. 10 lat. cod. 136 und cod. lat. nr. 14621 der Münchner Bibliothek. Was die Abweichungen beider Versionen von einander anlangt, so möchte ich insbesondere darauf hinweisen, dass Dandolo die Uebertragung der Gerechtsame durch die Einwohner ausdrücklich hervorhebt. Es liegt nahe, hier einen Zusatz Dandolos zu vermuten. Eigentümlich ist ihm auch die Angabe, dass Alexius dem Dogen die Würde eines Protosebasten verliehen habe. Da Dandolo die gleich zu erwähnende Urkunde von 1094, in welcher der Doge

„Iste dux (Vitalis Faletro) attendens totam Dalmaciam et quasi universam Croaciam fore sue ditioni suppositam subditosque dictarum provinciarum sibi fidelitatem habere Alexio imperatori Constantinopolitano suo amico precipuo ad impetrandum privillegium super dominio earundem provinciarum tres legatos in annis domini 1084 mittere procuravit, qui fuerunt dominus Vitalis Michael, dominus Ioannes Dandulo et dominus Antonius Aurio. Ambasiatores vero prefati, ducis propositum obtinentes, privillegium imperiale quo ducem Venecie, Dalmacie atque Croacie verum dominum esse liquido monstrabatur, Venecias adduxerunt".

Welche Beziehungen aber auch hier obwalten mögen, es bleibt die Frage, ob Dandolos Bericht Glauben verdient. So viel ich sehe, sprechen schwerwiegende Gründe dagegen.

Dandolo erzählt, die Goldbulle des Alexius, worin er dem Dogen Dalmatien und Kroatien bestätigte, habe auch die Verleihung der Protosebastenwürde enthalten. Nun haben wir ein Privileg des Alexius für Venedig, das die Verleihung dieses Titels ausspricht: von Dalmatien und Kroatien aber ist darin nicht die Rede[1].

---

diesen Titel führt, benutzt hat, so hat er die Angabe vielleicht aus ihr geschöpft.

[1] Die Goldbulle des Alexius, F. R. A. 12, 43 ff., 116 ff., 182 ff., vgl. auch die Emendationen von Zachariae, Ius Graeco-Romanum Bd. 3, ist in zwei verschiedenen Originalübersetzungen inseriert in der Goldbulle Manuels von 1147 und in der des Isaak Angelos von 1187; vgl. Neumann in der byz. Zeitschrift (1892) 1, 367. Die bezügliche Stelle, F. R. A. 12, 52, 117, 183, lautet: Honoravit autem et nobilem ducem eorum venerabilissima protosebasti dignitate cum roga etiam sua plenissima. Non in persona vero ipsius determinavit honorem; sed indesinentem esse atque perpetuum et per successiones iis, qui secundum deinceps fuerint, ducibus transmitti definitivis in urbe; vgl. Anna Comnena 6, 5, Ed. Bonn. 1, 285. Die Würde war demnach eine erbliche. — Hierzu kommt noch eine weitere Differenz. Die Urkunde des Alexius ist nach der gewöhnlichen Annahme von 1082 Mai, vgl. F. R. A. 12, 122 n. 1 und 12, 186 n. 2; ferner Heyd 1, 118 n. 8 und Streit p. 36 n. 43. Der terminus a quo aber für das von Dandolo erwähnte Privileg (er kennt kein anderes des Alexius für Venedig, vgl. auch p. 269 C) ist 1084, insofern der Doge Vitale Falier, der darum nachsuchte, nach den Annalen erst in

Ferner behauptet Dandolo, der Doge habe nach der Rückkehr der Gesandten den Titel eines Herzogs von Kroatien und eines kaiserlichen Protosebasten angenommen. Indessen führt der Doge in Urkunden von 1089 [1] und 1090 [2] zwar den Titel eines Protosebasten, nicht aber den eines Herzogs von Kroatien. Den vollen Titel trägt er vielmehr erst in einer Urkunde von 1094 [3]. Allein in die dazwischenliegenden Jahre fällt die Eroberung des

---

diesem Jahre zur Regierung kam. Auch wird in jener andern Version die venezianische Gesandtschaft, die das Privileg mitbrachte, ausdrücklich in das Jahr 1084 gesetzt, während allerdings der Regierungsantritt des Dogen hier (und ebenso in der von Dandolo vor den Annalen verfassten, grösstenteils noch ungedruckten kleinen Chronik) zu 1082 berichtet wird.

[1] Urkunde für S. Secondo ed Erasmo bei Corner 6, 31: Nos quidem Faletrus Dodoni dei gracia Dux et Imperialis Protosevastos.

[2] Urkunde für S. Giorgio Maggiore. Die vorhandenen Drucke weichen gerade an der in Betracht kommenden Stelle von einander ab. Sie lautet bei Muratori, Ant. Ital. 1, 899 „ex tabulario monasterii S. Georgii Majoris“: Vitalis Phaletrus de Domini dei gratia Veneciarum et Dalmatie dux et imperialis prothosevastos; bei Corner 8, 212 „ex autographo in archivio mon. S. Georgii maioris“: Vitalis Faletro Veneciarum Chroacie atque Dalmatie dux et imperialis protosevastos; bei Tafel und Thomas, F. R. A. 12, 55 nach Marc. cod. 37 cl. 14 lat. sec. 18 fol. 1: Vitalis Faletrus de Donis dei gratia Venetie et Dalmacie dux et imperalis protosevastos. In dem noch vorhandenen Original, das sich heute im ven. St.-A. Manimorte, S. Giorgio maggiore. Processi b. 3 befindet, sind nur noch die Worte: Vitalis Faletrus .... et Dalmatiae dux et imperialis protosevastos lesbar, da das Pergament teilweise zerstört ist. Zur Ergänzung ist ausser der von Tafel und Thomas benutzten Abschrift in dem genannten Codex der Marciana noch eine sorgfältige Copie sec. 18 im ven. St.-A. Manimorte, S. Giorgio magg. Processi b. 1 heranzuziehen. Danach haben in der Lücke ohne Zweifel die Worte: de doni . . dei gracia Venetiae gestanden. Es kommt hinzu, dass sonst ausnahmslos „Croatiae“ hinter „Dalmatiae“ gestellt ist. Offenbar hat Corner die vermutlich schon zu seiner Zeit nicht mehr deutlich lesbare Stelle falsch gelesen, indem er statt „dei gracia“ „Chroaciae“ entzifferte, was paläographisch wohl erklärlich ist.

[3] Den Wiederaufbau des Castells Loreo betreffend bei Romanin 1, 392 aus lib. Pact. 2: Vitalis Faletro de donis divine gratie largitate Venecie, Dalmacie atque Croacie dux et imperialis protosevaston, auch bei Mur. R. I. S. 12, 251, aber fehlerhaft. — Die Angaben Hains p. 26, 27 über den Zeitpunkt der Erwerbung des Titels sind, wie sich aus vorstehendem ergiebt, ungenau.

binnenländischen Kroatiens durch Ladislaus von Ungarn, und es steht zu vermuten, dass erst dieses Ereignis den Dogen zur Annahme des Herzogtitels von Kroatien bewogen hat[1]. Auf Dandolos Darstellung ist demnach kein Verlass[2].

Diese Beispiele werden genügen. Wenn man Dandolo nachgesagt hat, dass er „seinen Quellen, sei es aus Gewissenhaftigkeit, sei es aus Mangel besserer Nachrichten, meist allzugenau folge“[3], so bedarf dieses Urteil nach der vorangehenden Untersuchung erheblicher Einschränkung. Denn von tendenziöser Verarbeitung seiner Quellen ist Dandolo entschieden nicht freizusprechen, und auch, wo wir nicht mehr in der Lage sind, die Überlieferung, von der er ausgeht, im einzelnen festzustellen, da entbehren seine Angaben, mit den übrigen Zeugnissen verglichen, vielfach der rechten Glaubwürdigkeit. Allerdings gilt dieser Nachweis zunächst nur von jenen Nachrichten,

---

[1] Vgl. S. 18 n. 1.

[2] Es verdient noch erwähnt zu werden, dass Dandolo in seiner kleinen Chronik, die er vor den Annalen geschrieben hat, eine wesentlich andere Auffassung von der Begründung der venezianischen Herrschaft in Dalmatien und Kroatien bekundet. Er weiss hier noch nichts davon, dass Peter II. Orseolo „mit Erlaubnis der griechischen Kaiser“ Dalmatien unterworfen habe. Auch von dem Privileg des Alexius für Vital Falier, dem Crusobolium Dalmatiae et Croatiae, ist ihm noch nichts bekannt. Vielmehr schreibt er hier, allerdings irrtümlich, dem Dogen Ordelaffo Falier die Eroberung Kroatiens zu, nachdem derselbe (1115) Dalmatien den Ungarn wieder abgenommen hatte. „Et insuper montes transiens Croacię dominium accepit et sic titulo sui ducatus *primitus* addidit: atque Croacię“, nach Marc. cod. nr. 296 cl. 10 lat. sec. 14 fol. 11v. — In der von Simonsfeld als Recension B bezeichneten ungedruckten Chronik finden sich erdichtete Listen der angeblich im elften Jahrhundert in den dalmatischen Städten als Grafen eingesetzten Venezianer. Bei solcher Beschaffenheit der Überlieferung um die Mitte des vierzehnten Jahrhunderts wäre es recht wohl möglich, dass auch die Nachricht, Vitale Falier habe drei Gesandte an Alexius geschickt und sich den Besitz Dalmatiens und Kroatiens durch ein kaiserliches Privileg bestätigen lassen, eine späte Erfindung ist.

[3] So Simonsfeld p. 140. Nur ausnahmsweise vermutet er tendenziöse Änderungen p. 103.

die die Beziehungen Venedigs zu Dalmatien und Ungarn berühren. Allein ich möchte ausdrücklich hinzufügen, dass dasselbe Verhältnis auch sonst, wenn auch nicht in so auffälliger Weise, sich beobachten lässt. Man muss hier in Anschlag bringen, dass Dandolo, von politischen Zeitfragen beeinflusst und in den Anschauungen seiner Zeit befangen, an die Erforschung der Vergangenheit nicht ohne Voreingenommenheit herantrat. Es ist leider nicht anders: je genauer wir den Zustand überblicken, in dem die ältere venezianische Geschichtschreibung uns überkommen ist, um so trümmerhafter und einseitiger erscheint sie.

Verfassungsgeschichtliche Studien;
die Anfänge des grossen Rats.

I. Zur Reform der Dogenwahl im zwölften Jahrhundert.

Im elften Jahrhundert ist von einem geordneten Wahlverfahren bei der Dogenwahl noch keine Rede. Die Wahl erfolgt in tumultuarischer Weise durch Acclamation des versammelten Volkes. Wie es dabei zuging, ersieht man aus dem Berichte eines Augenzeugen über die Wahl von 1071 [1].

Im zwölften Jahrhundert aber ist eine entscheidende Wendung eingetreten. Die eigentliche Wahl ist dem Volke entzogen und eigens dazu bestellten Wählern übertragen; nur die Bestätigung der Wahl durch Zuruf ist ihm geblieben. Man hat von jeher angenommen [2], dass diese Neuerung bei der Wahl von 1172 eingeführt sei, unter dem Eindruck der Ermordung des Dogen Vitale II. Michiel bei einem Volksaufstand [3]. Wir haben nun zwar für die Vorgänge bei dieser Wahl keine ganz gleichzeitige

---

[1] Vgl. Dominici Tini Narratio de electione Dominici Silvii ducis Venetiarum anno 1071 bei Gallicciolli, Delle memorie Venete (1795) 6, 123 ff. Sie ist identisch mit dem Bericht des Domenico Rino, den Sansovino anführt, Venetia città nobilissima (1581) fol. 182, und der von Foscarini, Della letteratura Veneziana, Ausgabe von 1854 p. 124 n. 1 und von Simonsfeld, Andrea Dandolo p. 96 vermisst worden ist. Auch Dandolo hat die Narratio benutzt p. 247. Über den Verlauf der Wahl vgl. Hain p. 18 ff.

[2] Im allgemeinen werde ich mich auf die Anführung neuerer Arbeiten beschränken und nur da mit ihnen mich auseinandersetzen, wo es unumgänglich erscheint. Die folgende Untersuchung hätte sonst mit einem noch grösseren Gepäck von Anmerkungen beschwert werden müssen. Auch konnte die Erwähnung von Arbeiten, wie etwa Cappellettis Relazione storica sulle magistrature Venete (1873) unbedenklich unterbleiben. Eine kurze Übersicht über die venezianische Verfassungsentwicklung giebt A. von Ernsthausen in den preuss. Jahrb. Bd. 67 (1891).

[3] Vgl. z. B. Romanin 2, 95; Cecchetti, Doge p. 88; Hain p. 21; Molmenti, La vie privée à Venise 1, 29; Claar p. 5 ff.

Quelle; aber die Angaben, die darüber vorliegen[1], sind durchaus glaubwürdig, und es ist danach unzweifelhaft, dass die Wahl von elf unter Zustimmung des Volkes ernannten Wählern, die übrigens alle dem Adel angehören, ohne jede Störung vollzogen worden ist. An der Tatsache selbst ist also nicht zu rütteln. Was ich bestreite, ist, dass die Veränderung des Wahlmodus gerade für die Wahl von 1172 sicher bezeugt sei. Man hat bisher nicht beachtet, dass die Angaben unsrer Quellen in dieser Hinsicht auseinandergehen.

Es ist doch höchst auffallend, dass die älteste, beste und ausführlichste Schilderung in der Historia Ducum[2], die noch aus der ersten Hälfte des dreizehnten Jahrhunderts stammt, das bei der Wahl eingeschlagene Verfahren auch nicht von ferne als etwas neues oder ungewöhnliches hinstellt. Schon am Tage nach der Ermordung des Dogen[3] treten Geistlichkeit und Laien zur Wahl zu-

---

[1] Historia Ducum p. 80, Marcus p. 261, Dandolo p. 297. Die Chronik Martins da Canale muss leider ausser Betracht bleiben, da in der einzigen bisher bekannten Handschrift gerade an der Stelle, wo von der Wahl zu handeln wäre, eine grössere Lücke ist, vgl. p. 312, 714.

[2] Hist. Ducum p. 80: Altera vero die patriarcha et episcopi ac honesti viri et universi convenerunt populi; et ponentes corpus in monumento marmoreo in ecclesia beati Zacharie ad ecclesiam sancti Marci omnes venerunt et ibi alterum statuerunt invenire dominum. Non enim sine duce diucius esse poterant. De comuni ergo voto et concordia tocius populi electi sunt undecim nobiles viri qui iuraverunt se electuros in ducem quem scirent sapientiorem et utiliorem ad regimen ducatus, non inspecto precio, odio vel amore. Qui iuramento prestito pari voto et comuni concordia post tertium diem elegerunt dominum Sebastianum Ziani, virum providum ac discretum, sapientem et benignum atque diviciis infinitis exuberantem. Cuius electioni nec unus de populo contradixit, sed omnes concorditer acclamaverunt, dicentes, vivat talis dux, et utinam per eum possimus pacem obtinere.

[3] Nach der herkömmlichen Darstellung wäre von der Ermordung des Dogen, Ende Mai, bis zur Neuwahl ein Zeitraum von sechs Monaten verflossen und während dieses Interregnum die Einsetzung des grossen Rats und schliesslich die Reform der Dogenwahl erfolgt; so z. B. Sandi, Principi di storia civile della republ. di Venezia (1755) I 2, 401; Romanin 2, 90; Cecchetti, Doge p. 88; Claar p. 30 u. s. w. Doch ist diese erst bei Schriftstellern des siebzehnten Jahrhunderts auftretende Überlieferung unhaltbar. Denn

sammen; denn, so heisst es, sie konnten nicht länger ohne Haupt bleiben, und die unter Zustimmung des Volkes ernannten Wähler verkünden nach drei Tagen[1] die Wahl, ohne dass sich aus dem Volke Widerspruch erhebt. Offenbar denkt der Erzähler nicht daran, dass hier eine durchgreifende Neuerung eingeführt worden sei[2], und auch wir würden, bloss auf Grund seines Berichtes, schwerlich diese Frage aufwerfen, wenn uns nun nicht bei späteren Schriftstellern, etwa seit 1300, die ganz bestimmte Behauptung entgegenträte. Der erste, bei dem sie sich findet, ist Marcus[3], auch Dandolo[4] äussert sich in die-

sie wird durch die oben mitgeteilten Angaben der Historia Ducum, aus denen hervorgeht, dass man ohne längeren Verzug zur Wahl schritt, auf das bestimmteste widerlegt. Überdies ist urkundlich bezeugt, dass der neue Doge bereits im August 1172, also lange vor Ablauf der sechs Monate, geurkundet hat. Urkunde des Dogen Seb. Ziani von 1172 August, erwähnt in einer Urkunde von 1174 Juli, St.-A. Ven. Manimorte S. Zaccaria, S. Zulian n. 5.

[1] „post tertium diem“, also nicht „am dritten Tage“, wie Claar p. 5 bemerkt. Auch dass Vitale Michiel am 28. Mai ermordet worden sei, wie Claar p. 30 angiebt, ist ungenau. Die Angaben der Quellen schwanken zwischen dem 27. und dem 28.; vgl. die Bemerkung Simonsfelds MG. SS. 14, 80 n. 6.

[2] Auf die früheren Wahlen geht er nicht ein; er registriert den Thronwechsel bloss mit einem kurzen „successit“ oder „ad ducatus regimen promotus fuit“. Man muss berücksichtigen, dass er in diesen einleitenden Abschnitten wiederholt auf ausführlichere Mitteilungen in der leider nicht erhaltenen „Chronica Venetorum“ verweist, vgl. Simonsfeld, Venetianische Studien 1, 131, und dass seine Darstellung erst mit den sechziger Jahren umfassender wird.

[3] Marcus p. 261: Nota, quod iste dux Sebastianus fuit primus dux qui fuit ellectus per ellectionem, ante vero ellegebantur per populum.

[4] Dandolo p. 297: Sebastianus Ziano dux eligitur anno 1072 die ...... (die Lücke auch im cod. 400 Zanetti), quia praedecessore sepulturae tradito cunctus populus in ecclesia sancti Marci pariter congregatus pro evitanda discordia salutiferum primo decrevit edictum, ut undecim viri virtuosi nominarentur, qui iuramento adstricti illum in ducem eligerent, quem sapientionem et legaliorem cognoscerent et electum postea publicarent et ducem publicatum fore ducem absque alia indagatione stabilitum est. — Noch bestimmter drückt sich Dandolo in der kleinen Chronik aus: et sic predictus fuit primus qui per ellectionem ad hunc gradum accessit, Marc. cod. 296 cl. 10 lat. fol. 14. Ähnlich heisst es in der sog. Recension B: et sic ipse dux per formam electionis dei gratia primus

sem Sinne, und später hat sie allgemeine Geltung erlangt [1].

Sollte sie aber, weil sie uns mehrfach begegnet, auf wirklicher Kunde beruhen? Man wird hier, denke ich, in Betracht ziehen müssen, dass jene Schriftsteller in Bezug auf Nachrichten über Dogenwahlen des zwölften Jahrhunderts nicht wesentlich anders daran waren als wir heute; d. h. genauere Angaben lagen ihnen erst für den Ausgang des Jahrhunderts von 1172 an vor. Diese Wahl also war die erste, von der sie lasen, dass sie durch Wähler vollzogen sei. Könnte sich da nicht gar leicht die Anschauung gebildet haben, die Änderung der Wahlart sei eben damals eingetreten? Wie dem auch sei, so viel ist klar, dass der abweichenden Angabe unserer ältesten und besten Quelle gegenüber auf diese späte Überlieferung kein Verlass ist, und man wird es bezweifeln dürfen, dass erst die Wahl von 1172 einen Wendepunkt in der Entwicklung der Dogenwahl bedeute.

II. Der Ursprung des grossen Rats.

Auch die berühmte „Einsetzung des grossen Rats" fällt der herrschenden Ansicht nach in das Jahr 1172 [2]. Freilich steht es hier etwas misslich mit der Überlieferung. Denn die älteren Chronisten schweigen darüber; erst Schriftsteller des sechzehnten und des siebzehnten Jahrhunderts wissen ausführliches zu berichten [3]. Auf ihnen

---

apicem excellentiae ducalis ascendit, Marc. cod. 136 cl. 10 lat. fol. 28, nach freundlicher Mitteilung Predellis.

[1] So findet sich in einer Papierhandschrift der Marciana sec. 17, vergl. Simonsfeld a. a. O. p. 135, in einem Auszug aus der Historia Ducum der Zusatz: Fuit et primus, qui per electionem promotus fuit ad dignitatem ducatus.

[2] Vgl. z. B. Romanin 2, 90; Cecchetti, Doge p. 88; Raumer, Geschichte der Hohenstaufen [4] 5, 177 ff.; Claar p. 27 ff., 30.

[3] Es handelt sich dabei um die nur handschriftlich vorliegenden Arbeiten der Barbaro, Caroldo, Muazzo, Savina, Contarini u. a. Vergl. über sie namentlich Foscarini, Della letteratura Veneziana, und Cicogna, Delle iscriz. Ven., dazu

beruht, was seit Sandi, Tentori, Lebret in den Darstellungen venezianischer Verfassungsgeschichte über die Anfänge des grossen Rats bemerkt worden ist.

Indessen giebt es eine vortreffliche gleichzeitige Quelle, die nur in ausreichendem Masse herangezogen zu werden braucht, um einen unbedingt sichern Anhalt und damit zugleich eine Handhabe für die Kritik jener Schriftsteller zu bieten, denen die herrschende Ansicht gefolgt ist. Diese bisher nicht in dem gebührenden Grade berücksichtigte Quelle liegt in der urkundlichen Überlieferung vor.

Ich will deshalb zunächst darlegen [1], was sich auf Grund der Urkunden ermitteln lässt, und dann zur Erörterung der herrschenden Ansicht übergehen.

1. Übersicht über die Entwicklung bis zur Mitte des zwölften Jahrhunderts; die „iudices".

Seit dem Ende des neunten Jahrhunderts tritt uns das „publicum placitum" [2] oder die „comunis curia" [3], wie

Claar p. 141 ff. Die Kritik dieser späten Geschichtschreibung liegt noch sehr im argen; um so grösser ist die Autorität, die sie geniesst. Noch ganz vor kurzem hat Claar p. 141 ausdrücklich hervorgehoben, dass er da, wo die alten Chroniken versagen, „die neueren eifrig zu Rate gezogen und bei ihnen nicht nur oft die gewünschte Klarheit, sondern bei einzelnen unter ihnen auch im allgemeinen eine Richtigkeit der Auffassung und eine Kenntnis der Pflichten des Historiographen gefunden habe", die ihn veranlasste, „sich mehr als das bisher geschehen sei, auf diese neueren venezianischen Historiker zu stützen".

[1] Ich darf hier nicht unerwähnt lassen, dass mir dabei die schon mehrfach angeführte Untersuchung von Hain zu Statten gekommen ist, die die Entwicklung der venezianischen Verfassung in den Jahren 1032—1172 behandelt. Das urkundliche Material ist darin, wenn auch nicht vollständig, verwertet, und eine Reihe wichtiger Beobachtungen findet sich hier zuerst, deren volle Bedeutung dem Verfasser freilich entgangen ist.

[2] „in publico placito" z. B. Urkunde von 901 Duc. ed atti diplom. b. 1, vgl. Monticolo, Cronaca del diacono Giovanni p. 69; ferner cod. Trev. fol. 89v: „temporibus domini Odonis ducis fuerunt omnes Equilenses interpellati de decimo in publico placito" oder die unter demselben Dogen „in publico placito" angestellte Enquête MG. SS. 7, 38; Monticolo, Cron. Ven. ant. p. 178; zuweilen steht „in publico palatio", wo anscheinend „placito" zu lesen ist.

[3] Cod. Trev. fol. 87v: „temporibus Tribuni Memo ducis (sec. 10 ex.)

sie wohl auch genannt wird, unter dem Vorsitz des Dogen zu Zwecken der Verwaltung und der Rechtspflege entgegen. Als Teilnehmer daran erscheinen die hohe Geistlichkeit, der Patriarch und seine Suffragane, gelegentlich auch die Äbte und der niedere Clerus, sodann die „primates" oder „iudices": wie wir noch sehen werden, die Vertreter der weltlichen Obrigkeit, endlich der populus, der — bis zum Anfang des elften Jahrhunderts — zuweilen nach den drei Ständen der „maiores" „mediocres" und „minores" unterschieden wird[1]. Die Mitwirkung dieser drei Factoren aber lässt sich bis kurz vor die Mitte des zwölften Jahrhunderts verfolgen, wo eine durchgreifende Veränderung der Verfassung eintrat. Innerhalb dieses Zeitraums jedoch sind wieder gewisse Wandlungen des urkundlichen Sprachgebrauchs in Betracht zu ziehen.

Dahin gehört es, dass vom Ende des zehnten Jahrhunderts ab, indem die Benennung „primates" jetzt verschwindet, die Bezeichnung „iudices" die allein gebräuchliche und technische wird[2]. Ferner scheint im weiteren Verlauf des elften Jahrhunderts für die Gesammtheit der neben den iudices teilnehmenden Laien die Bezeichnung „boni homines", „nostri fideles" oder auch „boni homines nostri fideles" üblich zu sein[3]. Es ist wohl eine Aus-

---

residenti comuni curia pallatii cum cunctis suis primatibus similiter per commune consilium". Der Ausdruck „curia" kommt also nicht erst im pactum Warmundi von 1123 vor, F. R. A. 12, 84, wie Hain p. 53 n. 2 meint. Vgl. auch die Urkunde von 1080 bei Corner 3, 309.

[1] Vgl. die Urkunde von 971 F. R. A. 12, 26: Tunc quadam die residente domino Petro, excellentissimo duce, seniore nostro, una cum Vitale, sanctissimo patriarcha, filio suo, nec non et Marino, reverendissimo Olivolensis ecclesiae episcopo et cum reliquis suae provinciae episcopis, astante in eorum praesentia magna parte populi, maiores videlicet, mediocres et minores, ceperunt consilium agere. — Monticolo, Cronaca del diac. Giovanni p. 63 identificiert die Begriffe „primates" und „maiores", wie wir noch sehen werden, mit Unrecht.

[2] Soviel ich sehe, von dem Ducate Peter II. Orseolo an.

[3] Die Bezeichnung „boni homines" oder „fideles" kommt auch schon im zehnten Jahrhundert vor; im weiteren Verlauf des elften aber wird sie bevor-

nahme, wenn sie einmal als „nobiles principes et populus Venecie" genauer unterschieden werden[1]. Mit dem Beginn des zwölften Jahrhunderts tritt hierin abermals ein Wechsel ein[2]. Es heisst fortan technisch: „cum iudicibus nostris et populo Venecie"[3].

Fassen wir nun die am Schlusse des elften und in den ersten Jahrzehnten des zwölften Jahrhunderts herrschenden Zustände etwas genauer ins Auge, da bei der Darstellung der weiteren Veränderungen, auf die es hier hauptsächlich ankommt, von dem Gegensatz zu den früheren Verhältnissen auszugehen sein wird.

Was zunächst die Geistlichkeit betrifft, so begegnet sie uns nicht bloss bei Verhandlungen über kirchliche Angelegenheiten, wie z. B. bei der Ausstattung des Patriarchats von Grado[4]. Auch wenn der Wiederaufbau des Castells von Loreo oder ein Vertrag mit Verona zur Beratung steht, bei Fragen der inneren Verwaltung und

---

zugt. Vgl. die Notitia MG. SS. 7, 37; Monticolo, Cron. Ven. ant. p. 175 circa 1030: cum suis iudicibus et ibi adstante maxima pars suorum fidelium; ferner die Urk. von 1074 (Mur. Ant. Ital. 1, 243; Cicogna, Iscr. Ven. 4, 290): una cum episcopis, abbatibus, iudicibus et maxima parte nostrorum fidelium. In derselben Urkunde wird ein Privileg des Dogen Domenico Contarini erwähnt: laudatione episcoporum etc. ceterorumque complurium bonorum hominum; endlich die Urk. von 1090 (Mur. Ant. Ital. 1, 899; Corner 8, 212; F. R. A. 12, 55): una cum nostris iudicibus et aliis bonis hominibus nostris fidelibus.

[1] Urk. von 1094 (Rom. 1, 392; Mur. R. I. S. 12, 251).

[2] Doch bleibt in Gerichtsurkunden die stehende Formel: una cum nostris iudicibus et aliis nostris fidelibus iusticiam pertractantes. Vgl. die Urkunden von 1100 und 1140 (Duc. ed atti dipl. b. 4 und 5), von 1161 Arch. Ven. 8, 161, sogar noch von 1256, Corner, Eccl. Torc. 1, 74. Hiernach ist Hain p. 51 zu berichtigen.

[3] Urkunden von 1107 (Corner 3, 66 = F. R. A. 12, 67); von 1110 (Ughelli-Coleti 5, 1344; Vianelli, I Vescovi di Malamocco (1790) 1, 69; Bellemo, Il territorio di Chioggia (1893) p. 294), von 1112 (Boldù; (Cecchetti) Programma p. 9), von 1137 (Gloria 2, 247 nr. 322), von 1138 (Marc. cod. 551 cl. 7 it. p. 73). In der Urkunde von 1107 heisst es bezeichnender Weise von der oben S. 112 n. 3 erwähnten Urkunde von 1074, sie sei ausgestellt von dem Dogen: cum episcopis et abbatibus et populo Venetiae. Unrichtig Hain p. 98.

[4] Urk. von 1074 (Mur. Ant. Ital. 1, 243; Cicogna 4, 290) und von 1107 (Corner 3, 66 = F. R. A. 12, 67).

der äusseren Politik, wird ihre Mitwirkung in den bezüglichen Urkunden hervorgehoben [1]. Doch ist davon keine Rede, dass sie nun regelmässig herangezogen worden wäre. Nicht einmal bei rein kirchlichen Angelegenheiten ist dies der Fall [2]. Übrigens wird ihre Anwesenheit nicht immer ausdrücklich bezeugt, wie denn der Patriarch von Grado einmal eine Urkunde unterfertigt, während im Context nur der Mitwirkung der iudices und des populus gedacht wird [3].

Was dann die boni homines oder fideles anlangt, für die, wie ich bereits bemerkte, seit dem zwölften Jahrhundert die technische Bezeichnung „populus Venecie" aufkommt, so scheint ihre Zahl durchaus schwankend und unbestimmt. Wenigstens deutet die wechselnde Zahl der Unterschriften unter den Urkunden darauf. Es begegnen uns hier fast durchweg Namen von Angehörigen bekannter Geschlechter. Offenbar sind sie als die Wortführer des an den Versammlungen teilnehmenden populus anzusehen, wie denn die „nobiles principes" einmal ausdrücklich namhaft gemacht werden [4]. Zuweilen wird auf die Mitwirkung des populus nicht hingewiesen, obwohl sie der Zeugenreihe nach wahrscheinlich ist [5].

Die iudices endlich nehmen die wichtigste Stellung ein. Irre ich nicht, so haben wir in ihnen die Nachfolger der früheren Tribunen zu erblicken. Ich gehe im folgenden kurz auf diese Frage ein, um den Zusammenhang der Entwicklung nachzuweisen.

Dass die Tribunen ursprünglich nur Befehlshaber der Numeri, der Truppeneinheiten, waren, ist bekannt. Die eigentümliche Militärverfassung aber, die unter der

---

[1] Urk. von 1094 (Romanin 1, 392; Mur. R. I. S. 12, 251), von 1107 (Duc. ed atti dipl. b. 4).

[2] Urk. von 1090 (Mur. Ant. Ital. 1, 899; Corner 8, 202; F. R. A. 12, 55).

[3] Urk. von 1112 (Boldù; (Cecchetti), Programma p. 9).

[4] Urk. von 1094 (Romanin 1, 392; Mur. R. I. S. 12, 251).

[5] Urk. von 1098 (Corner 10, 187; Gloria 1, 349 nr. 327), vgl. die Urk. von 1108 (Corner, Eccl. Torc. 3, 192).

byzantnischen Herrschaft in Italien eintrat, führte dann dahin, dass sie in ihren Bezirken auch die Judicatur und Steuererhebung an sich brachten[1]. Für den venezianischen Ducat fehlt es dafür allerdings an urkundlichen Belegen; allein die älteren Teile des sogenannten Chron. Altinate[2] setzen diese Entwicklung auch hier voraus. Es sind Einheimische, die das Tribunat bekleiden, und es wird als erbliche Würde betrachtet[3]. Und dass im neunten Jahrhundert der Sohn dem Vater tatsächlich darin folgte, dafür sprechen auch urkundliche Angaben[4].

Auch die weitere Entwicklung findet sich in dem Chron. Altinate bereits angedeutet. In der Schilderung eines Gerichtsverfahrens werden einmal die „tribuni iudices" anderen Tribunen entgegengestellt[5]. Die Liste der

---

[1] Vgl. im allgemeinen Ludo M. Hartmann, Untersuchungen zur Geschichte der byzantinischen Verwaltung in Italien 540—750 (1889), insbes. p. 57 ff., 61.

[2] Siehe darüber Simonsfeld, Venetianische Studien 1, 12—53, 114 ff.

[3] Vgl. Hartmann p. 156 ff. Chr. Altin. MG. SS. 14, 10: concessit autem etc., ut tribuni iudiciarum in vicum Aimanis fieri esset, p. 34: constituerunt tribunatum iudicarum in Equilo, p. 40: in perpetuum tribunatum iudiciatum ibi retinere, p. 41: tribuni iudiciarum, ferner p. 33: isti (tribuni) iudicabant Patua, p. 39: iudicabat ut milex tota ista territoria, p. 6: Massus ibi milles iudicii fecit Aurius tribunus, p. 24: qui milles et tribunus fuit, p. 37: tribunus et milles erat in Tarviso. — p. 35: et hic qui intus castellum erat habitantes tribuni, tributum de eos circumhabitantes recipiebant; et multorum in littore Pineti cultores erat.... His vero omnes per unumquemque modio unum perfictum persolvebant in annum ipsi tribuni; ab omni iussione illorum seu defensione hic stantes et habitantes erant, vgl. p. 34, p. 42: tributarii erant ad illos tribunos iudiciarum, vgl. p. 43, p. 33: quia ipsos a tributo quod recipiebant, tribunos appellabantur. — p. 28 ff. die Liste tribunicischer Familien.

[4] Urk. von 829 (Gloria 1, 12 nr. 7): de Grausone tribuno filius quidem Donato tribuno Catobarbalata de Equilo — de Dominico filio quidem Iohanni tribuno Catamarcianico de Torcello — Carosus tribunus filius Bonizo tribuno et primato — Iohanaci tribuno filius Dominico tribuno. Urk. von 853 (Gloria 1, 22 nr. 11): Fuscari tribunus filius Dedo tribuno.

[5] Chr. Alt. p. 39: *Iudicaverunt omnes tribuni iudices et aliorum multitudo adstantium seu et illi tribuni* qui infra castellum Equilegensium habitatores erant, qui de eos tribuni novi facti fuerant, *et alii omnes* qui foris castrum erant habitantes, omnes in unum *laudaverunt*.

Bischöfe von Torcello weist einen gewissen Dominicus „filius Aurii maioris tribuni, Burianensis iudice“ auf[1]. Augenscheinlich liegt hier die Absicht vor, den tribunicischen Rang und die amtliche Stellung der Betreffenden deutlich zu unterscheiden. Dieses Bedürfnis aber, Rang und Amt auseinanderzuhalten, führt zur Anwendung eines besonderen Amtstitels. Während dieser in Übung bleibt, kommt der Titel „tribunus“ auch als Bezeichnung des Ranges im zehnten Jahrhundert ausser Gebrauch. So erklärt es sich, wenn wir seit dem Ausgang des neunten Jahrhunderts als Vertreter der Obrigkeit in den Urkunden die iudices antreffen[2].

Diese iudices werden nun in Urkunden des zehnten Jahrhunderts häufig auch „primates“ genannt[3]. Beide Bezeichnungen concurrieren mit einander, indem sie abwechselnd sogar in ein und derselben Urkunde, aber durchaus im gleichen Sinne gebraucht werden[4].

---

[1] Chr. Alt. p. 20; Aurius maior ist Geschlechtsname.

[2] In der Urkunde von 901 (Duc. ed atti dipl. b. 1) wird auf eine Urkunde des Dogen Orso I. Particiaco Bezug genommen: secundum concessionem et defensionem quam iam bene memoratus Ursus dux Iohanne filio suo cum episcopis et iudicibus et populo Venetiae fecit, vgl. Monticolo, Cron. del diac. Giov. p. 69, ferner die Urkunden von 912? und 919? bei Gloria 1, 40 und 50 nr. 28 und 32.

[3] Urk. von 901 (Duc. ed atti dipl. b. 1): die quadam residente in publico placito nos Petro domino protegente imperiali protospatario et Venetiarum duce insimul cum domno Vitale sanctissimo patriarcha et cunctis episcopis qui subter adscripti sunt pariterque primatibus et populo terrae nostrae.

[4] Urk. von 934? Romanin 1, 398 (das folgende berichtigt und ergänzt nach Marc. cod. 551 cl. 7 it.): in die quadem residente me Ioanne divina gratia Venetiae duce in publico palatio [placito?] una cum *nostris primatibus* et ibi circumstantibus fidelibus et una parte populi terrae nostrae et inveniebamus et loquebamur de salute patriae nostrae — loquente me Ioanne dei gratia duce cum omnibus nostris episcopis et *iudicibus* et dictis fidelibus — ostendit veterem scripturam, quam Petrus dux et protospatarius insimul cum Vitale patriarcha sanctissimo et Gilisberto Altinatis ecclesiae episcopo et cunctis episcopis et *iudicibus*, qui eodem tempore nostrae patriae fuerant, etc. fecerunt — sed providente me et contractante me Ioanne cum *iudicibus* et populo terrae nostrae et fecimus pacti convenientiam — confirmantes nos divina gratia Venetiae dux una cum Dominico sanctae Gradensis ecclesiae patriarcha atque cum Ioanne Olivolensi

Auch mit dem Aufkommen der primates verhält es sich wohl nicht anders als mit dem der iudices. In der Zeugenreihe einer Urkunde von 829 begegnet uns ein „Carosus tribunus filius Bonizo tribuno et primato"[1]. Vom Standpunkt der späteren Entwicklung aus wird man annehmen dürfen, dass tribunus hier den Rang, primas den Amtstitel bedeutet. Und das gleiche gilt vielleicht von den Unterschriften einer Urkunde von 880, wo Armatus tribunus de Luprio, Vigilius tribunus de Geminis, und Juliano Aulibado primato de Lubrius als Zeugen angeführt werden[2].

Eine weitere Bestätigung unserer Annahme liegt dann darin, dass in Istrien, über dessen Verhältnisse wir dank der bekannten Enquête unter Karl dem Grossen im Beginn des neunten Jahrhunderts viel genauer unterrichtet sind, die analoge Erscheinung sich findet[3]. Auch hier heissen die Tribunen, wenn sie in amtlicher Stellung auftreten, primates oder iudices.

Mit der Entstehung aus dem Tribunate[4] aber hängt

---

episcopo nec non et sanctae Altinatis ecclesiae praesul, et Marinus sanctae Metamaucensis ecclesiae episcopus atque Ursus Heraclianae civitatis atque Marinus Caprulensis episcopus et cunctis episcopis qui subtus adscripti sunt pariterque *primatibus* et parti populi terrae nostrae. — Man beachte andrerseits folgende Unterscheidungen, Urk. von 997 (Romanin 1, 385, vgl. cod. Trevis. fol. 123): omnes tam iudices *et nobiles* homines Venetiae, quam et mediocres a maximo usque ad minimum, ferner die Aufzeichnung sec. 10 ex. (Romanin 1, 378, vgl. cod. Trev. fol. 87): residente ibidem in pallatio domnus Petrus dux Ursoyolus cum cunctos suos primates *et proceres* Venetiae hominum.

1 Vgl. Gloria 1, 12 nr. 7.

2 Urk. von 880 (Ughelli-Coleti 5, 41): testes autem fuerunt in primis Armatus tribunus de Luprio et Vigilius tribunus de Geminis; item manus Iuliano Aulibado primato de Lubrius.

3 Vgl. die Urkunde z. B. bei Ughelli-Coleti 5, 1097 ff. oder bei Kukuljević 1, 36 ff. Die ältere Litteratur darüber ist verzeichnet bei Abel-Simson, Jahrb. Karls des Grossen 2, 338 n. 2, dazu noch Hartmann p. 62, 156. Vgl. auch das Schreiben Ludwigs des Frommen, Böhmer-Mühlbacher, Reg. imp. I nr. 708.

4 Merkwürdiger Weise ist diese für das Verständnis der ganzen Entwicklung so ausserordentlich wichtige Frage, so viel ich sehe, bisher noch gar nicht aufgeworfen worden. Monticolo, La cron. del diac. Giov. p. 107

nun vermutlich auch die umfassende Competenz der iudices zusammen. Sie sind nicht bloss die Urteiler im Gerichte des Dogen, obschon dies die wichtigste Function

---

begnügt sich mit der Annahme, dass die iudices „intervenissero all' assemblea popolare e assistessero il doge nelle cause di ragione publica". Er verkennt sodann die Stellung der primates, indem er sie, wie ich schon bemerkte, p. 63 einfach den maiores gleichsetzt. Unrichtig ist ferner p. 107 die Angabe, dass zuweilen auch Geistliche als iudices vorkämen. In der von Monticolo angeführten Stelle des Joh. Diac. MG. SS. 7, 18; ed. Monticolo p. 118 ist mit keinem Worte gesagt, dass jene Geistlichen als „iudices" fungiert hätten. Vielmehr verwendet Joh. Diac. den Ausdruck, wo er ihn wirklich braucht, z. B. MG. SS. 7, 21, 30; ed. Monticolo p. 127, 153 nur ganz allgemein zur Bezeichnung weltlicher Obrigkeit. Ausserdem beruft sich Monticolo auf die Urkunde sec. 11 in. bei Gloria 1, 114 nr. 82: residentibus domini duces et Dominico episcopo Rivoaltensi seu Leo episcopo Methamaucensi, iudices et magnorum virorum conglobatio persistente. Indessen kann es gar keinem Zweifel unterliegen, dass, wie in den übrigen Urkunden, so auch hier Bischöfe und iudices auseinanderzuhalten sind. — Hain andrerseits vermutet p. 65, die Einsetzung der iudices hänge wohl eng mit der Errichtung der Curie zusammen. Unter Curie versteht er p. 52 die Gerichtsversammlung. Im übrigen beschränkt er sich auf die Feststellung, dass dieselbe „schon im Anfang des elften Jahrhunderts vorhanden war", und dass auch die iudices damals „bereits ihres Amtes walten". Falsch ist es, wenn er p. 62 und 82 verschiedene Klassen von iudices unterscheiden will, und zwar iudices maiores oder nobiliores und iudices mediocres et minores. Heisst es in der schon mehr erwähnten Aufzeichnung über eine unter dem Dogen Otto Orseolo veranstaltete Enquête (MG. SS. 7, 38; Monticolo, Cron. Ven. ant. p. 178): veni ego Otto dux in publico placito cum maiores iudices nostrae terrae, mediocres et minores, so sind hier offenbar die drei Stände des populus gemeint, zu dessen erstem die iudices gehören. Man vergleiche die Urkunde von circa 1000 (Cod. Trevis. fol. 133; mangelhafter Druck nach einer Copie sec. 18 des cod. Trev. bei Bellemo, Territorio di Chioggia p. 291): venimus in legem et iudicium ante vestram presentiam et vestrorum nobilium iudicum terre et parte bonorum hominum ibidem astante etiam mediocrium et minorum. Wenn ferner der Abt von S. Ilario in einer Urkunde von 1075 (Gloria 1, 251 nr. 224) bemerkt, dass er die Zustimmung des Dogen cum suos nobiliores iudices eingeholt habe, so bezeichnet hier nobiliores gleichfalls nur den Stand, nicht eine besondere Klasse von iudices. Es ist deshalb auch falsch, wenn Hain a. a. O. die iudices im Gerichte des Dogen als maiores iudices von den Ortsgastalden als den iudices mediocres et minores unterscheiden will. Wir werden gleich sehen, dass diese beiden Beamtungen einander gleichstehen.

ist, die sie ausüben; sie sind zugleich seine ständigen Berater auf allen Gebieten der staatlichen Verwaltung[1]. Es ergeht keine Entscheidung des Dogen, in der nicht ihre Mitwirkung bezeugt wäre, sei es durch die ausdrückliche Erwähnung ihrer Zustimmung oder wenigstens durch ihre Unterschrift. Ebenso wird bei Veräusserungen von Kirchengut durch die Geistlichkeit die Genehmigung nicht bloss des Dogen, sondern auch der iudices nachgesucht[2]. Allein nicht bloss in der Umgebung des Dogen finden wir sie tätig. Der iudex Andreas Michael begegnet uns 1112 als „princeps navalis exercitus", als Kommandant der Flotte, die eine venezianische Gesandtschaft nach Byzanz führen soll[3]. Der iudex Badoarius Aurius wird, wie wir aus einer Urkunde von 1096 erfahren, mit der interimistischen Verwaltung des Gastaldats von Torcello betraut, für die Dauer der Abwesenheit des Gastalden Petrus Marcello, der im Auftrag des Dogen, ohne Zweifel als Gesandter, nach Byzanz geht[4]. Denselben Marcello

---

[1] Vgl. Hain p. 50 ff. über das venez. Gerichtswesen, p. 62 ff. über die iudices, p. 88 über ihre Tätigkeit als Berater des Dogen. Seine Ausführungen bedürfen im einzelnen vielfach der Berichtigung.

[2] Urkunden von 1075 (Gloria 1, 251 nr. 224) und 1109 (Corner 5, 107), Schenkungen des Abts von S. Ilario und Benedetto betreffend; doch stand das Kloster in besonderer Abhängigkeit vom Dogen; vgl. die Urk. von 1064 (Mur. Ant. Ital. 5, 295; Gloria 1, 219 nr. 190). Aber auch der Bischof von Equilo sucht die Zustimmung des Dogen und der iudices zu einer Schenkung nach, Urk. von 1112 (Corner, Eccl. Torc. 3, 404). Auch zur Verlegung von Klöstern und Bistümern ist ihre Erlaubnis erforderlich; Verlegung von S. Cipriano, Urk. von 1108 (Corner, Eccl. Torc. 3, 192). Indess ist zu beachten, dass das Kloster „de iure et possessione ecclesie sancti Marci" war, vgl. die Urk. von 1098 (Corner 10, 187; Gloria 1, 349 nr. 327). Verlegung des Bistums von Malamocco, Urk. von 1110 (Ughelli-Coleti 5, 1344; Vianelli 1, 69; Bellemo p. 294). Weder die Zustimmung noch die Unterschrift der iudices findet sich in einer Verkaufsurkunde des Abtes von S. Ilario von 1140 (Corner 9, 376); nur die Einwilligung des Dogen wird erwähnt.

[3] Urk. von 1112 (Boldù; (Cecchetti) Programma 1862 p. 9): libras denariorum duo milia quas partim dedimus Andree Michaeli iudici principi nostri navalis exercitus in suum expendium.

[4] Urkunde von 1096 (Duc. ed atti dipl. b. 4): in eo tempore, quando

aber treffen wir einige Jahre danach wiederholt als iudex an[1]. So vielseitig also ihre Verwendung ist, so sehen wir sie doch zugleich die ständige Controle über die Verwaltung im ganzen führen[2].

Leider lässt sich nicht mehr erkennen, wie viele ihrer waren, und ob die Zahl genau fixiert war. Gewöhnlich unterzeichnen nur zwei, drei oder vier iudices[3]. Indessen lässt sich nachweisen, dass sie nicht insgesammt zu unterfertigen pflegten[4]. Und bisweilen kommen auch fünf, sogar sieben Unterschriften vor[5]. Andrerseits ist aus den Zeugenreihen ersichtlich, dass die einzelnen iudices ihr Amt teils mehrere Jahre hintereinander, teils jedenfalls innerhalb weniger Jahre zu wiederholten Malen bekleidet haben. So ist z. B. Johannes Baduarius in den Jahren 1090, 1094, 1098 und 1100 als iudex nachweisbar, Dominicus Badouarius da Spinale 1108, 1109, 1110 und 1112, Andreas Michael 1107, 1109, 1110 und 1112, und

---

Petrus Marcello gastaldius ad Constantinopolim erat missus a domno Vitale Faletro Dodoni duce et seniore nostro, tunc gastaldatus Torcellensis commissus erat ad regendum ad Baduario Aurio de Buriano iudici". Petrus Marcello hat, wie aus der Urkunde weiterhin hervorgeht, das Amt des Gastalden später wieder übernommen.

[1] Urkunde von 1100 (Duc. ed atti dipl. b. 4), ferner die Urk. von 1107 Mai (Duc. ed atti dipl. b. 4) und 1107 September (Corner 3, 66 = F. R. A. 12, 67).

[2] Hain p. 91 betont zu einseitig die Bedeutung ihrer richterlichen Tätigkeit.

[3] Vgl. Hain p. 68, dessen Angaben jedoch der Ergänzung bedürfen.

[4] Man vergleiche z. B. die Unterschriften der iudices in den Urkunden von 1107 Mai und September, siehe Anm. 1, und von 1164 Juni (Mur. 22, 497 zu verbessern nach Marc. cod. 551 cl. 7 it. p. 85) und August (F. R. A. 12, 140).

[5] Fünf iudices z. B. in der Urk. von 1108 (Corner, Eccl. Torc. 3. 192) und von 1090 (Mur. Ant. Ital. 1, 899; Corner 8, 212; F. R. A. 12, 55); da die Drucke ungenau sind, gebe ich die Unterschriften nach dem Original im ven. St.-A. Manimorte S. Giorgio magg. Processi b. 3: Ego Iohannes Badouario iudex m. m. s. s. Ego Einricus Ursoiulo iudice m. m. s. s. Ego Iohannes Maurreceni iudex m. m. s. s. Ego Badoario Aurio iudex m. m. s. s. Ego Iohannes Gradonico iudice m. m. s. s. Sieben iudices in der Urkunde von 1112 (Boldù; (Cecchetti) Programma p. 9). — Hain p. 68 n. 5 ist demnach zu berichtigen.

in einem Vertrag seiner drei Söhne wird er sogar noch 1126 als iudex angeführt[1]. Natürlich vermehrte die Länge der Amtsdauer ihren Einfluss, kam aber auch dem gleichmässigen Fortgang der Verwaltung zu Statten. Ferner bemerken wir, dass die iudices aus den vornehmen Geschlechtern hervorgingen. Es sind die näheren oder entfernteren Angehörigen jener Männer, die als die massgebenden Vertreter des populus ihre Unterschrift unter die Urkunden des Dogen setzen. Wir finden auch die Namen späterer iudices unter diesen Unterschriften[2]; indem sie an der Verhandlung staatlicher Angelegenheiten teilnahmen, werden sie sich mit den für die Stellung eines iudex erforderlichen Kenntnissen vertraut gemacht haben. Rechnet man noch hinzu, dass auch die hohe venezianische Geistlichkeit damals zum guten Teil aus Mitgliedern jener Geschlechter sich zusammensetzte, so ist klar, wie hier eines zum andern kam, um diesen Kreisen einen entscheidenden Einfluss auf die Regierung zu sichern.

Diese Beobachtung nun wird durch die Angaben gleichzeitiger, sowohl urkundlicher wie litterarischer Quellen ausdrücklich bestätigt. Als Koloman von Ungarn sich um 1100 brieflich an den Dogen wendet, entbietet er auch den „optimates“ Gruss und Freundschaft. Die Eröffnungen des Königs gelten dem Dogen und seinen „proceres“. Er wünscht die Einhaltung des von ihm

---

[1] Urk. von 1090 (Mur. Ant. Ital. 1, 899; Corner 8, 212; F. R. A. 12, 53), von 1094 (Romanin 1, 392; Mur. R. I. S. 12, 251), von 1098 (Corner 10, 187; Gloria 1, 349 nr. 327), von 1100 (Duc. ed atti dipl. b. 4), von 1107 (Duc. ed. atti dipl. b. 4), von 1108 (Corner, Eccl. Torc. 3, 192), von 1109 (Corner 5, 107), von 1110 (Ughelli-Coleti 5, 1344; Vianelli 1, 69; Bellemo p. 294), von 1112 (Boldù, (Cecchetti) Programma p. 9), von 1126 (Heyck, Genua und seine Marine im Zeitalter der Kreuzzüge (1886) p. 197).

[2] So ist z. B. der spätere Doge Sebastiano Ziani bereits 1138 (Marc. cod. 551 cl. 7 it. p. 73) und 1152 (Marc. cod. 551 cl. 7 it. p. 75, cod. 39 cl. 14 lat. fol. 5, cod. 800 cl. 7 it. p. 70) als Zeuge nachweisbar, 1150 ist er als Gesandter in Byzanz (Duc. ed atti dipl. b. 5) und 1161, 1163, 1164, 1165 als iudex tätig (Arch. Ven. 8, 136; Ljubić 1, 6; F. R. A. 12, 164; St.-A. Ven. Manimorte S. Zaccaria. Miscellanea b. 65).

mit dem Dogen und den „maiores“ geschlossenen Vertrags[1]. In dem Privileg Heinrichs IV. für Venedig heisst der Doge „prudentum iuditio virorum sapiens ac discretus Venetici regni rector“[2]. Dieselbe Auffassung bringt der Verfasser der Translatio S. Nicolai zum Ausdruck, indem er datiert „Vitale Michaele principante remque publicam magnatum suorum providentia sapienter et utiliter disponente“[3]. Er lässt ferner den Abt Vitalis die Zustimmung des Dogen und seiner „principes“ nachsuchen[4]. In einem Gebete an die Heiligen, das er mitteilt, kommt die Wendung vor „Iustificate ducem et iudices“[5]. Eine in Schenkungsurkunden übliche Formel sodann, die die Zurückforderung des Geschenkten verbietet, schärft ein, man dürfe weder die iudices angehen, noch die principes um Fürsprache bitten[6]. Am merkwürdigsten ist eine Stelle der Translatio S. Stephani. Es heisst hier, offenbar unter dem Eindruck antiker Reminiscenzen, dass, um die glück-

[1] Vgl. Rački p. 479, Ljubić 1, 5, Kukuljević 2, 1.

[2] Stumpf reg. 2924, MG. Constitutiones 1, 121 nr. 72.

[3] Translatio S. Nicolai bei Corner 9, 6, ziemlich gleichzeitig, wie sich aus p. 41 f. ergiebt. Wie C. Neumann, Die Marcuskirche in Venedig, Preuss. Jahrb. 69, 621 n. 2 gezeigt hat, ist die verlorene Chronik des Zeno, Abtes von S. Nicolò in Lido, benutzt.

[4] A. a. O. p. 18: ducem, qui satis amicus erat monasterio, et principes requirendo, suggerendo, cohortando.

[5] A. a. O. p. 27: gubernate ecclesiam, defendite patriam, sanctificate pastores, episcopos et abbates, iustificate ducem et iudices, orate pro divitibus, subvenite pauperibus, dirigite clerum, conservate populum et me quoque peccatorem etc.

[6] In ausführlicher Fassung z. B. in der Urk. von 1073 Sept. (Marc. cod. 278 cl. 10 lat. fol. 7): Unde autem promittens promitto nunquam me meosque heredes esse venturos in contrarium peragendum nec per me ipso donatore necquam per subpositas quaslibet instructas personas maiores vel minores nec adeundo iudicibus nec subplicando principibus nec per ecclesiastica interpellacione neque per testamentaria voluntates nec in vita mea neque post hobitum meum, quia in legibus cautum adque preceptum est, ut cum semel datum vel donatum aut transfusum fuerit, nullo modo revocetur. — Es handelt sich hier nicht etwa, wie Hain p. 75 n. 2 zu meinen scheint, um eine besondere venetianische lex, sondern vermutlich um Instit. II 7, 2.

liche Ankunft des Heiligen zu melden, „ad ducem et senatum“ Boten abgegangen seien[1].

Doch ist für die Beurteilung der damaligen Verfassung noch eine andere Betrachtung wesentlich. Der Doge entscheidet allerdings der Regel nach unter Mitwirkung der Geistlichkeit, des populus und vor allem der iudices. Aber dass ein rechtlicher Anspruch darauf, sei es auch nur den iudices, zugestanden hätte, davon findet sich nirgends eine Spur. Noch beruht vielmehr alles auf Brauch und Herkommen. Zu einer strafferen Organisation der Verfassung mit fest begrenzter Competenz der einzelnen Organe ist die Entwicklung noch nicht vorgeschritten.

Damit hängt es zusammen, dass tatsächlich zwar die principes eine vorwaltende Stellung inne haben, wie das in den Quellen aufs deutlichste ausgesprochen wird, während ein technisch bezeichnender Ausdruck dafür fehlt. Dass ein Zeitgenosse einmal dem Dogen gewissermassen eine bei der Leitung des Staates mitwirkende Körperschaft unter dem Namen des Senates an die Seite stellt[2], dieser Fall steht ganz vereinzelt.

---

[1] Translatio S. Stephani protomartyris bei Corner 8, 96 ff. von einem Zeitgenossen herrührend, der Mönch in S. Giorgio Maggiore war: Statimque missis ad ducem et senatum nuntiis secum declarant adesse corpus etc.

[2] Die venezianische Behörde dieses Namens stammt, worauf ich zurückkomme, erst aus dem Anfang des 13. Jahrhunderts. Ein Iohanaci id est Iohannes Senator wird in der Urk. von 829 (Gloria 1, 12 nr. 7) erwähnt. Doch dürfte Senator hier Geschlechtsname sein. In einem Briefe des Dogen Peter Candianus II. (932—939) an Heinrich I. nennt sich derselbe: imperialis consul et senator atque dux Veneticorum, bei Dümmler, Gesta Berengarii imperatoris (1871) p. 74, 157. Die Bezeichnung senatus oder senatores kommt, von Rom abgesehen, auch sonst gelegentlich bereits vor 1200 in Italien vor, z. B. in Modena, Pisa, Genua; für Deutschland vgl. Waitz, Deutsche Verfassungsgeschichte 5^2, 468 n. 3; 6^2, 408. — Dass Hain von einem allerdings noch nicht „fest constituierten“ „Rate des Dogen“ redet, scheint mir den oben erörterten Verhältnissen nicht recht zu entsprechen.

2. Fortgang der Entwicklung seit der Mitte des zwölften Jahrhunderts; die „sapientes" und der grosse Rat.

Kurz vor der Mitte des zwölften Jahrhunderts zeigen sich nun aber die Anfänge einer grundlegenden Umgestaltung der Verfassung. Äusserlich betrachtet, sind damals zwei Veränderungen vor sich gegangen. Wir bemerken das Auftreten der „sapientes", die fortan regelmässig an der Beschlussfassung über staatliche Angelegenheiten teilnehmen, und das Verschwinden der Geistlichkeit, die in der Folge nicht mehr hinzugezogen wird[1].

Ich finde die sapientes zuerst in einer Urkunde vom Januar 1141 erwähnt[2]. Doch werden auch noch andere Bezeichnungen auf sie angewendet. Sie heissen häufig „preordinati"[3], gelegentlich auch wohl „consiliarii", „con-

---

[1] Auf diese Umwandlung hat bereits Hain p. 104 ff. hingewiesen; ihre einschneidende Bedeutung aber hat weder er, noch nach ihm Claar erkannt.

[2] Urkunde des Dogen Peter Polano für Fano, wegen deren Überlieferung man oben S. 27 n. 1 vergleiche. Der fehlerhafte Druck Amianis, Memorie istoriche della città di Fano (1751) Bd. 2 Urkundenanhang p. VII, ist im folgenden nach cod. Trevis. fol. 191t berichtigt: Ceterum tam de hac werra quam et si alio in tempore alia werra vobis imminuerit, si de vestris sapientibus ad nos miseritis, quemadmodum nos cum nostris sapientibus cum illis concordabimus, sic faciemus. Hain p. 105, der diese Urkunde übersehen hat, führt die sog. Constitutio de ordine processionis scholarum von 1143 als das erste Zeugnis für die Existenz der sapientes an (Ughelli-Coleti 5, 1243; Mur. R. I. S. 12, 503; Mur. Ant. Ital. 6, 466). Die übliche Formel ist: nos quidem — dux cum iudicibus et sapientibus (nostris) et populo Venecie, oder auch wohl: collaudatione atque confirmatione populi Venecie. Doch kommt es auch vor, dass des populus nicht gedacht wird, ohne dass dafür ein besonderer Grund ersichtlich wäre. Es ist unrichtig, wenn Hain p. 104 behauptet, dass mit dem Auftreten der sapientes der populus als solcher aus der öffentlichen Versammlung verschwinde.

[3] Urk. von 1147 (Arch. Ven. 7, 353; erwähnt in einer Urkunde von 1152): Petrus Polanus quondam dux cum suis iudicibus et preordinatis et populo Veneciarum; Urk. von 1152 (Mur. R. I. S. 22, 495): cum nostris iudicibus et preordinatis et populo Venecie; desgl. Urk. von 1160 Mai (Marc. cl. 14 lat. cod. 72 fol. 1), von 1160 Aug. (Duc. ed atti dipl. b. 5), von 1168 (Corner, Eccl. Torc. 1, 127): cum nostris maioribus (!) et preordinatis

siliatores". 1160 fällt der Doge ein Urteil „cum nostris iudicibus adiunctis quoque sapientum viris consiliatoribus, ut de honore nostri comunis nobiscum fideliter tractarent." Weiterhin aber wird auf die „suprascripti iudices et preordinati" zurückverwiesen [1]. Man sieht, dass es sich um synonyme Begriffe handelt.

Diese sapientes nun, sind, wie aus urkundlichen Zeugnissen hervorgeht, dem Dogen und dem populus gegenüber mit bestimmten Befugnissen ausgestattet.

Im allgemeinen gilt, wie bemerkt, dass der Doge nicht ohne ihre Mitwirkung entscheidet: in einigen Fällen aber lernen wir ihre eigentümliche Stellung genauer kennen. Als die Bewohner von Arbe in Dalmatien das ihnen früher zugestandene Recht freier Wahl ihrer Obrigkeit reclamieren, weigert sich der Doge zunächst, indem er das Wahlrecht für sich allein beansprucht. Dann aber zieht er den Patriarchen von Grado, der hier ausnahmsweise, vermutlich in seiner Eigenschaft als Primas von Dalmatien, beteiligt ist, die iudices und die sapientes zu Rate, und man einigt sich nun dahin, dass in Zukunft vier einheimische Adlige oder zwei Venetianer zur Auswahl und Bestätigung präsentiert werden sollen. Und zwar verpflichtet sich der Doge, diese Bestätigung vorzunehmen: „sapientum qui tunc religione iuris iurandi

a (?) populo Veneciarum, von 1179 (Cecchetti, Programma p. 36). — Preordinati von Chioggia in der Urk. von 1184 Febr. (Cecchetti, Doge p. 253, hier irrig zu 1183 datiert); betreffs Chioggia vgl. ferner die Urk. von 1166 (Atti dipl. Misc. nr. 74) und von 1181 (Cecchetti, Doge p. 257).

[1] Urk. von 1160 (Duc. ed atti dipl. b. 5): Residentibus nobis Vitale Michael — duce in nostro palatio cum nostris iudicibus etc. — Ideoque nos quidem prenominatus dux cum suprascriptis iudicibus et preordinatis et populo Venecie firmiter laudantes confirmavimus. Dazu die Urk. von 1168 bei Kukuljević 2, 81: Ego Iohannes de Canale hoc breve fieri rogo conscriptum: Missus equidem a domino Vitale Michaele duce Venecie, Chroacie atque Dalmacie cum omnibus eiusdem regni consiliariis atque iudicibus veni ad presentiam Ragusium — querere iusticiam de nave fracta etc. Am Schlusse heisst es: Ea propter de tanta iusticia grates maximas omnibus ferens, quietos omnes Raguseos fieri coram vobis subscriptis de hac re dispono tam per

honoris Venetie adstricti erunt consilio"[1]. Ebenso verspricht er in einem Vertrage mit Fano, dass er mit den sapientes zusammen gegebenen Falles gewisse Vereinbarungen treffen werde[2]. Am wichtigsten ist folgender Vorgang[3]. Vor dem Dogen, den iudices und den sapien-

me quam et personis que in antedicta nave aliquid habuerunt sicut ab eis data mihi licentia in conspectu ducis fuit et omnibus Venecie nobilibus. — Urk. von 1175 (F. R. A. 12, 167) des Dogen Seb. Ziani: cum iudicibus et sapientibus nostris et populo Veneciarum. — Sed tu ipse (der Procurator von S. Marco) vel certus missus tuus ad illa omnia retinenda ibidem cum nostro et consiliatorum consilio .... debeat et tantum, quantum missus tuus quem illuc cum nostro et consiliatorum consilio miseris .... illa omnia incolumnia observare — debetis. Urk. von 1181 (nicht 1180, Arch. Ven. 9, 112): in presentia ducis et eius iudicum et consiliatorum eiusdem.

[1] Vgl. oben S. 26 n. 3. Urkunde von 1166 (z. B. bei Ljubić 1, 8 und bei Kukuljević 2, 68): Quapropter nos quidem Vitalis Michael dux etc. omnibus nostris fidelibus sue antiquitatis statum et quod sui iuris esse dignoscitur, intemerate perpetuo servare cupientes ea que venerabilis domini Henrici Gradensis patriarche, nostrorum iudicum et sapientum consilio inter nos et nobiles Arbensis civitatis viros fideles nostros quiete sancita sunt in scriptis redigere fecimus et ut huius sanctionis pagina solidam perpetuis temporibus firmitatem obtineat, nostra et supramemoratorum illustrium virorum subscriptione roborari nostrique sigilli impressione muniri decrevimus. Cum itaque iam dicte civitatis nobiles viri — ad presentiam nostram venissent, secundum sue antiquitatis statum liberam eligendi comitis electionem instanter requirebant. Nos vero contrario, licet prorsus ista primo abnueremus, in potestate nostra esse comitis electionem et eius confirmationem asserentes, prememorati tamen venerabilis patriarche, iudicum et sapientum communicato consilio, liberam eligendi comitis facultatem predicte civitatis civibus tandem tali conditione concessimus, ut ipsi quatuor de concivibus suis nobilioribus personas sine exactione aliqua eligere et nostro debeant conspectui presentare. Nos vero ex his unum, qui nobis aptior et fidelior visus fuerit, sapientum qui tunc religione iuris iurandi honoris Venetie adstricti erunt consilio confirmare debeamus.

[2] Vgl. S. 124 n. 2.

[3] Urkunde von 1165 Mai (nicht 1168, wie es in dem Regest bei Cicogna 1, 367 heisst). Zwei Copieen sec. 18 dieser überaus wichtigen Urkunde befinden sich im ven. St.-A. Manimorte S. Zaccaria. Miscellanea b. 65; doch hat nur eine von ihnen selbständigen Wert. Ich teile daraus die für uns in Betracht kommende Stelle im Wortlaut mit: Cum — de communi utilitate nos quidem Vitalis Mich[a]el dei gracia dux Venecie, Dalmacie atque Chroacie cum iudicibus et sapientibus in palacio nostro pertractaremus,

tes erscheint Dominicus Morosini, Graf von Zara, und verlangt, mit der Hälfte der Grafschaft Ossero und Zubehör investiert zu werden, auf Grund der Belehnungsurkunde, die sein Vater, der verstorbene Doge „cum iudicibus et sapientibus et populo Venecie" ihm und seinen Erben ausgestellt habe. Hierauf tritt Lionardo, der Sohn des regierenden Dogen vor, und erklärt, er sei bereits von seinem Vater unter allgemeiner Zustimmung investiert. Der

---

venit ante nos Dominicus Maurocenus Iaderinus comes et dicebat quod (quia Hs.) medietas comitatus Absari et insule sua erat per cessionem carte quam Dominicus Maurocenus predecessor noster bone memorie dux pater suus cum iudicibus et sapientibus et populo Venecie exinde sibi et suis heredibus factam habebat et querebat, ut nos inde sibi tenutam daremus. Ad hoc accessit Leonardus filius noster et dicebat: Ego sum investitus a te duce et a populo Venecie comuni voluntate parique consensu de comitatu et insula Absari et tenutam habeo. Nos itaque et iudices et sapientes consilii hanc contentionem audientes moleste accepimus et valde nobis displicuit, ut aliquis dux tante potestatis esset, quod bona comunis (comunia Hs.) Venecie pro suo velle sine utilitate et sine fructu alicuius comodi filiis suis et eorum heredibus dare possit. *Quare ipsi iudices et sapientes dixerunt, immo penitus prohibuerunt, ut nos nec hanc causam teneremus nec unquam* ..... (Lücke in der Hs.) *fieri permitteremus.* His itaque sic se habentibus predictus Dominicus Maurocenus adiit et dixit: Ego pro comitatu Absari et insule ad opus filii mei, donec vixerit, presto sum dare comuni Venecie libros Veronenses octingentas. Et hoc et nos audientes et videntes quod comitatum Iadere ipse habebat cum iudicibus et sapientibus diximus atque collaudavimus, quod melius erat, ut filius noster supradictus Leonardus ipsum comitatum haberet, si pro ipso comuni nostro tantundem vellet dare, quantum ille promittebat. Et ob hanc igitur causam congregari fecimus populum Venecie in nostro palacio et huius cause negotium illis pro ordine demonstravimus. At populus Venecie audita et cognita causa una voce atque consensu laudavit, ut filius noster ipsum comitatum cuncto tempore vite sue haberet et pro suprascriptis octingentis libris Veronensibus. Et quoniam supradicte fili noster Leonarde pro ipso comitatu et insula nobis nostroque comuni dedisti libras Veronenses octingentas, idcirco suprascriptum comitatum tocius insule ex integro tibi damus et concedimus cuncto tempore vite tue plenissima potestate habendi, tenendi, ordinandi, disponendi et omnes redditus recipiendi et de illis redditibus quidquid tibi placuerit faciendi, nullo tibi homine contradicente. Tu vero omnia que tibi concessimus, per presentem concessionis cartam ad fidelitatem nostram et successorum nostrorum semper tenere debeas etc.

Streit darüber ist dem Dogen, den iudices und den sapientes peinlich, und es erregt heftigen Unwillen, dass ein Doge die Macht haben solle, nach seinem Dafürhalten Staatsgut ohne irgend welchen Nutzen und Vorteil für die Allgemeinheit an seine Söhne und deren Erben zu geben. Von Seiten der iudices und der sapientes ergeht daher an den regierenden Dogen das ausdrückliche Verbot, „er dürfe weder in dem vorliegenden Streitfall diesen Standpunkt festhalten noch auch in Zukunft dergleichen wieder geschehen lassen". Als nun Morosini sich zur Zahlung einer jährlichen Abgabe von 800 Veroneser Pfund im Namen seines Sohnes bereit erklärt, wird in Ansehung des Umstandes, dass er bereits die Grafschaft Zara besitze, von den iudices, den sapientes und dem Dogen dennoch der andere Bewerber vorgezogen, wenn er sich zur Entrichtung der gleichen Summe verpflichte. Ehe man aber zur Belehnung schreitet, wird der populus in den Palast berufen und der Sachverhalt ihm vorgetragen. Erst als dieser „una voce atque consensu" zugestimmt, erfolgt gegen jene jährliche Abgabe die Investitur auf Lebenszeit, aber nicht für die Erben.

Man erfährt also bei dieser Gelegenheit, dass der Doge nicht bloss tatsächlich an den Consens der iudices und der sapientes gebunden war, sondern dass sie überdies das Recht hatten, ihm unter Umständen sein Verhalten vorzuschreiben. Seinem persönlichen Belieben gegenüber bringen sie das öffentliche Interesse in Erinnerung. Doch handelt es sich sichtlich noch um eine Neuerung, die im Begriffe steht, sich durchzusetzen. Auch geschieht es nicht ohne Widerstreben, dass der Doge sich der Beschränkung seiner Verfügungsfreiheit unterwirft. Wie der Fall mit Arbe zeigt, würde er lieber nach eigenem Ermessen vorgehen; schliesslich aber entscheidet er doch erst nach Einholung des Rates der iudices, der sapientes und des Patriarchen, und erkennt, indem er nachgiebt, das Mitwirkungsrecht der sapientes bei der endgiltigen Erledigung der Sache ausdrücklich an.

Was sodann ihre Stellung zum populus betrifft, so besitzen die sapientes ein unbedingtes Recht auf Gehorsam; er ist ihnen eidlich zur Obedienz verpflichtet[1]. Doch wendet man diesen Grundsatz noch nicht in voller Strenge an. Wir bemerkten, dass bei einem wichtigen Anlass der populus erst zur Begutachtung herangeholt wird, ehe man den bereits gefassten Beschluss auch formell vollzieht. Auch hier ist deutlich, dass wir uns in einer Zeit des Übergangs befinden.

Principiell jedoch ist den sapientes die Bedeutung einer entscheidenden Instanz eingeräumt, und der Charakter der Verfassung damit von Grund aus verändert. Die Tendenz der Entwicklung geht nun darauf, durch die sapientes einerseits den Dogen, andrerseits den populus zu beschränken[2]. Sollten wir da in der Vermutung fehlgreifen, dass wir in ihnen das Organ der principes zu erblicken haben, denen es gelungen ist, ihren tatsächlich massgebenden Einfluss in einen rechtlich anerkannten zu verwandeln?[3]

---

1 Urkunde von 1143 (Ughelli-Coleti 5, 1243; Mur. R. I. S. 12, 503; Mur. Ant. Ital. 6, 466): Congregatis igitur nobis in nostro palatio una cum nostris iudicibus *et ipsis viris sapientibus, qui praeerant consilio* quod hoc in tempore pro honore et utilitate seu et salvatione nostrae patriae habebatur, *quorum consilio Veneciae populus obedire sacramento est adstrictus*, ipsique honorem et profectum et salvationem ac quietem nostrae patriae diligenter considerantes unanimiter dixerunt et collaudaverunt et nos praenominatus Petrus Polanus gratia dei Venetiarum Dux et Ioannes Polanus eadem gratia Castellanus episcopus confirmavimus clero et populo Venetiarum collaudante, quod etc.

2 Die Erörterungen Hains sind hier durchaus unzureichend.

3 Eine andere Erklärung wüsste ich nicht zu geben. — Da die sapientes im Gegensatz zu den iudices, den advocatores, den camerarii und anderen ohne Angabe ihres Titels unterfertigen, so lässt sich auch nicht feststellen, welche und wie viele Unterschriften in den Dogenurkunden ihnen zuzuweisen sind. Anders Hain p. 108, der sie schlechthin auf die sapientes bezieht. Ausdrücklich angekündigt wird ihre Unterschrift und die der iudices nur in der oben erwähnten Urkunde für Arbe. Wir finden hier aber eine viel geringere Zahl von Unterschriften als in andern Urkunden, und, was gleichfalls ungewöhnlich ist, die unterzeichnenden iudices haben ihren

Leider geben uns die Urkunden über die Organisation der sapientes keine Auskunft. Nur aus späteren Zuständen, auf die wir weiterhin zu sprechen kommen, sind Rückschlüsse auf die früheren Verhältnisse möglich[1].

Nun wird in Urkunden dieser Zeit gelegentlich auch ein „senatus Venecie" erwähnt[2]. Allein mit der venezianischen Behörde dieses Namens haben unsere sapientes nichts zu schaffen. Denn die Mitglieder des venezianischen Senates heissen technisch „rogati", und ferner ist derselbe erst seit März 1230, also beträchtliche Zeit später, sicher nachweisbar[3]. Sodann aber sind jene Urkunden nicht venezianischer Herkunft, sondern Privilegien der Fürsten von Antiochia für Venedig, die in der fürstlichen Kanzlei ausgestellt sind[4]. „Senatus" ist hier also nicht in dem späteren technischen Sinne des Wortes gebraucht, sondern in ähnlicher Bedeutung, wie wir es früher bei

Titel nicht beigefügt. Fast durchweg sind es Angehörige bekannter Geschlechter. — Vielleicht darf man hier auch noch die oben S. 125 n. 1 angeführte Urkunde von 1168 (Kukuljević 2, 81) heranziehen. Die „omnes Venecie nobiles", in deren Gegenwart dem Johann de Canale Vollmacht erteilt ist, sind mit den „omnes eiusdem regni consiliarii atque iudices", auf die er sich im Eingang bezieht, allem Anschein nach identisch.

[1] In einer Urkunde von 1163 (Ljubić 1, 6; Kukuljević 2, 64) heisst es einmal, dass der Doge „cum iudicibus et *electis* sapientibus atque totius populi collaudatione seu confirmatione" einen Beschluss gefasst habe. Der Ausdruck „electi sapientes" besagt wohl nur, dass sie gewählt waren, wie das ohnehin nach ihrer ganzen Stellung anzunehmen ist. Dass es sich um eine von dem Dogen getroffene Auswahl unter den sapientes handle, wie Hain p. 107 n. 3 meint, will mir nicht einleuchten.

[2] Urk. von 1153 (F. R. A. 12, 133): illustris ducis ac tocius senatus Venecie amicitias adipisci cupientes — concedimus; Urk. von 1167 (F. R. A. 12, 148): inclito et strenuo Venecie duci omnique eiusdem civitatis senatui atque communi nec non et omnibus Veneticis.

[3] Nach den herkömmlichen Angaben ist der Senat 1229 oder 1230 entstanden. Zuerst erwähnt wird er in einem Beschluss vom 2. März 1230, nach Claar p. 62 n. 3. Auf die angebliche Vorgeschichte des Senats komme ich noch zurück.

[4] Urk. von 1153: factum est autem hoc privilegium per manum Gaufredi cancellarii mei; Urk. von 1167: per manum Bernardi cancellarii.

dem Verfasser der Translatio S. Stephani beobachtet haben[1].

Wir müssen vielmehr bekennen, dass ein technisch bezeichnender Name für die Gesammtheit der sapientes zunächst jedenfalls nicht vorhanden ist. Nur in jener Verhandlung über die Verleihung der Grafschaft Ossero werden sie einmal „sapientes consilii" genannt. Indessen liegt hier eine Ausnahme vor. Erst etwa um das Jahr 1180 ist eine gewisse Veränderung des urkundlichen Sprachgebrauchs wahrnehmbar. Der Ausdruck „preordinati" kommt ausser Übung[2]; die Bezeichnung „consiliatores" nimmt eine abweichende Bedeutung an[3]. Nur die „sapientes" werden noch in demselben Sinne wie früher genannt. Dagegen erscheint jetzt häufig als synonymer Begriff „sapientes consilii", einmal auch „sapientes terrae"[4].

Bald darauf im Jahre 1187 finden wir zum ersten Mal zwei Räte urkundlich erwähnt, das „consilium maius" und das „consilium minus"[5]. Die Mitglieder beider Räte

---

[1] Hain p. 107 vermutet in dem „senatus Venecie" der Urkunden das „Collegium der sapientes"; p. 109 spricht er geradezu von dem „Senat der Weisen". Dieses Missverständnis hat dann wiederum, wie wir noch sehen werden, zu einem bedenklichen Irrtum Claars p. 61 Anlass gegeben.

[2] In den mir bekannten Urkunden erscheint er zuletzt 1179 (Cecchetti, Programma p. 36): cum nostris iudicibus et preordinatis atque sapientibus consilii. Nach dieser Urkunde könnte es scheinen, als ob „preordinati" und „sapientes consilii" begrifflich verschiedene Bezeichnungen wären, was nach dem gewöhnlichen Sprachgebrauch der Urkunden sicher nicht der Fall ist. Vermutlich liegt hier ein Verstoss des ausfertigenden Notars vor.

[3] In der oben S. 125 n. 1 erwähnten Urkunde von 1181 (Arch. Ven. 9, 112) dürfte das Wort noch in der ursprünglichen Bedeutung gebraucht sein.

[4] Urk. von 1179 (Cecchetti, Programma p. 36); von 1185 (Mur. R. I. S. 22, 522); von 1187 Mai (Marc. cl. 14 lat. cod. 71); von 1187 Nov. (Mur. R. I. S. 22, 522); von 1192 (Programma, p. 56); von 1198 (Duc. ed atti dipl. b. 6); von 1206 Juli (F. R. A. 13, 15); von 1207 April (Atti dipl. rest. nr. 105); von 1207 April (St.-A. Ven. Archivio notarile, Atti Stermini Pietro); von 1207 Juli (F. R. A. 13, 55); von 1211 (Atti dipl. rest. nr. 106); von 1212 (ebenda nr. 107) u. s. w. — „sapientes terre" in der Urk. von 1182 (Duc. ed atti dipl. b. 6).

[5] Urkunde von 1187 Juni (Ljubić 1, 12): Nos quidem Petrus Iustinianus et Dominicus Memo ambo procuratores operis beati Marci per pre-

führen den Namen sapientes [1]; consiliatores dagegen heissen jetzt die sechs Mitglieder des kleinen Rates, wenn von ihnen im besonderen die Rede ist [2].

Die sapientes haben sich also in ein consilium maius und minus getrennt. Diese Unterscheidung konnte natürlich erst aufkommen, als das consilium minus vorhanden war [3]. Spricht man daher von dem Ursprung des grossen

ceptum domini nostri Aurei Maistropetri et collaudatione iudicum et *maioris atque minoris consilii* et advocatorum nostri communis et populi Venetiarum promittentes promittimus. — Man beachte, dass die Urkunde von den Procuratoren von S. Marco und nicht etwa von dem Dogen ausgestellt ist. In den von dem letzteren ausgehenden Urkunden bleibt die Formel „cum nostris iudicibus et sapientibus (consilii) et populo Venecie" nach wie vor in Gebrauch. — Dass der Doge an die Zustimmung der Majorität des Rates gebunden ist, darauf deutet, soviel ich sehe, zuerst eine Urkunde von 1184 Febr. (Cecchetti, Doge p. 253, hier irrig zu 1183): si vos dominus dux vel vestri successores cum maiori parte consilii licenciam dederitis hominibus Venecie; man vergleiche auch die Urkunde von 1175 (F. R. A. 12, 167).

[1] Urk. von 1207 (Atti dipl. restit. nr. 105): Eligere quoque debeant et *sex sapientes minoris consilii*, singulos ex singulis sexteriis, et *sapientes maioris consilii*, unumquemque de trentacia sua. Qui *sapientes tam minoris consilii quam maioris* etc.

[2] Sie unterschreiben mit dem Titel; ein consiliator in der Urkunde von 1187 (Ljubić 1, 12); alle sechs in einer Urkunde von 1189 (Duc. ed atti dipl. b. 6); vgl. „convocatis sex consiliariis", Hist. Ducum zu 1205 p. 94.

[3] Die Einsetzung des kleinen Rates wird gewöhnlich in das Jahr 1178 verlegt, so auch von Claar p. 91. Er beruft sich dafür auf Dandolo p. 308, der sie zum Regierungsantritt des Dogen Orio Malipiero berichtet: Nam Veneti — electionis processum utilem sibi cognitum subtilius elimantes, sanxere, ut quatuor viri providi eligendi 40 alios nominarent, per quorum maiorem partem electus dux ab omnibus haberetur, *qui ex consilio sex civium de diversis stirpibus de novo eligendorum unius pro sexterio ducatus regimen aequaliter exerceret.* In einer Anmerkung fügt Claar dann zwar hinzu, dass die Handschriften an der hier in Betracht kommenden Stelle von einander abweichen; aber er übersieht dabei, dass es gerade die älteste und beste Handschrift Marc. cod. 400 Zanetti ist, in der die auf die Einsetzung des kleinen Rates bezüglichen Worte (qui ex consilio — exerceret) durch Ausstreichen getilgt sind, und dass sie auch in den beiden ihr am nächsten stehenden vaticanischen Handschriften fehlen (vgl. Simonsfeld, Dandolo p. 35 und Textvarianten zu A. Dandolo, N. Arch. f. ält. d. Geschichtskunde 18, 308). Mögen sie nun auch in andere übergegangen sein, z. B. in diejenigen, die der Ausgabe Muratoris zu Grunde liegen, so ist es doch zum mindesten

Rates, so ist zu berücksichtigen, dass er als Organ der Verfassung dem Wesen nach schon lange bestanden hat, ehe er diesen Namen empfing. Jenes Organ waren eben die sapientes.

Daher denn die Beschlüsse des Dogen auch weiterhin „cum nostris iudicibus et sapientibus (consilii)“ erfolgen. Auch von der Geschichtschreibung wird die ursprüngliche Bezeichnung „sapientes“ bevorzugt: die bis 1229 reichende Historia Ducum erwähnt nur diese, nie den grossen Rat[1].

---

zweifelhaft, ob man sich noch auf Dandolos Autorität beziehen darf. — Andrerseits hat es den Anschein, als ob die sechs sapientes, die tatsächlich einen engeren Rat des Dogen bildeten, anfangs noch nicht als ein besonderes Collegium den übrigen sapientes gegenüber betrachtet worden seien. Dafür spricht nicht bloss, dass auch sie den Namen sapientes führen, sondern namentlich auch, dass die Bezeichnung sapientes consilii in den von dem Dogen ausgehenden Urkunden auch dann noch festgehalten worden ist, als man sich, wie die Urkunde der Procuratoren von S. Marco lehrt, bereits daran gewöhnt hatte, den „kleineren“ Rat von dem „grösseren“ zu unterscheiden. Vermutlich hängt die um 1180 eintretende Veränderung des urkundlichen Sprachgebrauchs mit dem hier angedeuteten Verlauf der Entwicklung zusammen.

[1] Zum ersten Mal kommen sie hier 1171 vor (p. 79). Der Doge notificiert ihnen die Nachrichten, die er über den Gewaltstreich Manuels gegen die im griechischen Reiche befindlichen Venezianer empfangen. Sie beraten hierauf zusammen, und beschliessen, Gesandte an den Kaiser zu schicken. Sodann erscheinen einige sapientes in der Umgebung des Dogen in der Volksversammlung, in welcher der Aufstand ausbricht, dem Vital II. Michiel zum Opfer fällt (p. 80). 1177 verhandelt Alexander III. siebzehn Tage „cum duce et sapientibus viris“ (p. 83). Die Anordnungen Sebastiano Zianis für die Wahl seines Nachfolgers (1178) erfolgen „consilio et virtute sapientum virorum“ (p. 89). Endlich heisst es von Peter Ziani, er sei „de consilio sapientum“ zu seiner zweiten Ehe mit Konstanze, der Tochter König Tancreds geschritten (p. 96). Die Angaben der Historia Ducum bieten somit eine willkommene Ergänzung dessen, was wir auf Grund der Urkunden festgestellt haben.

3. Die herrschende Ansicht; das Gesetz von 1207; die Trentacien.

Was also die Entstehung des grossen Rates anlangt, so ist die Entwicklung, die dahin geführt hat, hinreichend klar erkennbar. Ich komme nun, dem Plane unserer Untersuchung gemäss, auf die herrschende Ansicht zurück, die, wie bemerkt, auf Schriftstellern erst des sechzehnten und des siebzehnten Jahrhunderts beruht [1].

Danach hätte die förmliche Einsetzung des grossen Rates im Jahre 1172 stattgefunden, nach der schon erwähnten Ermordung des Dogen Vitale II. Michiel, und durch sie veranlasst, gleichsam ein Seitenstück zur Reform der Dogenwahl [2]. Die neue Behörde tritt neben die alte Volksversammlung, die concio, und erlangt durch die umfassenden Befugnisse, die ihr zu Teil werden, sogleich ausschlaggebende Bedeutung. Die Institution der „Pregadi", angesehener Männer, die zu Rate zu ziehen der Doge das Recht hatte, dauert fort; aus ihr geht im dreizehnten Jahrhundert der Senat hervor [3].

Bleiben wir zunächst bei diesen Angaben stehen, deren Zuverlässigkeit wir auf Grund der vorangehenden Untersuchung mit Sicherheit zu beurteilen vermögen, so ist klar, dass wir sie unbedingt verwerfen müssen.

Schon der Begriff der concio als Volksversamm-

---

[1] Ich verweise für das folgende auf die sehr ausführliche Erörterung bei Claar p. 27 ff. Welche Bewandtnis es mit dem angeblichen sechsmonatlichen Interregnum hat, während dessen der grosse Rat entstanden sein soll, habe ich bereits oben S. 108 n. 2 dargetan.

[2] Gelegentlich wird doch einmal ein leichter Zweifel laut, vgl. H. F. Brown, Venetian Studies (1887) p. 61: A gap of six months intervened between the assassination of Doge Michele II. and the election of Ziani. In those six months the nobles drew together into a legislative council, called henceforth by the name of the Maggior Consiglio. Dazu aber bemerkt der Verfasser am Fuss der Seite: It is improbable, that this was the first appearance of such a council in Venice, but it is certain, that its existence was reckoned as an indisputed fact from this date.

[3] Vgl. Claar p. 79 ff.

lung ist der urkundlichen Überlieferung völlig fremd. Er kommt, so viel ich sehe, ausnahmsweise einmal in der Historia Ducum und als stehende Bezeichnung erst bei Dandolo vor[1]. In den Urkunden findet sich nur der allgemeine Ausdruck „placitum" oder „curia". Die Teilnehmer daran haben wir kennen gelernt. Dass der Doge vor sich aus angesehene Männer, die sogenannten „Pregadi" zu Rate gezogen hätte, dafür fehlt es an jedem urkundlichen Beleg. Wer teilnahm, der tat es als Mitglied der Geistlichkeit, des populus, der iudices oder sapientes, dem Herkommen gemäss oder von Amts wegen. Vergebens sucht man ferner nach einer Spur, die den Zusammenhang der angeblichen „Pregadi" mit dem späteren Senate bewiese. Allerdings heissen seine Mitglieder „rogati", wovon „pregadi" die italienische Übersetzung ist; allein wir begegnen ihrem Namen erst seit dem Bestehen des Senats im dreizehnten Jahrhundert[2]. Und schliesslich ist auch die berühmte Einsetzung des grossen Rates im Jahre 1172 nichts als eine späte Erfindung gegenüber der Tatsache, dass die entscheidende Wendung der Entwicklung bereits mit dem Auftreten der sapientes kurz vor der Mitte des zwölften Jahrhunderts erfolgt, dass die spätere Unterscheidung eines consilium maius und minus mit der Bildung des kleinen Rates und der hierdurch veranlassten Trennung der sapientes in zwei Räte zusammenhing[3].

[1] Hist. Duc. p. 80: cum ergo quidam — concionem in aulam ducis vocassent.

[2] Claar p. 61 behauptet freilich, „dass das Collegium der Sapientes nichts anderes gewesen sein könne, als die Pregadi, habe schon Hain nachgewiesen". Indessen hat Hain die sapientes nur mit dem in Urkunden des zwölften Jahrhunderts vorkommenden „senatus Venecie" identificiert; allerdings, wie ich oben S. 131 n. 1 gezeigt habe, mit Unrecht. Dass unter jenem „senatus Venecie" die Pregadi zu verstehen seien, hat Hain nicht gesagt; erst Claar hat diese Folgerung gezogen. Welch heillose Verwirrung an sich ganz einfacher Fragen auf diese Weise angerichtet wird, liegt auf der Hand.

[3] Man verkennt überdies, dass eine so tiefgreifende Veränderung der bestehenden Verfassung, wie sie 1172 mit einem Male planmässig durchge-

Nun aber sind jenen späteren Schriftstellern zufolge, denen sich die herrschende Ansicht anschliesst, im Jahre 1172 noch eine Reihe wichtiger Bestimmungen getroffen worden, die die Wahlen zum grossen Rat und seine Competenz regelten [1]. Die wesentlichsten sind diese: Alljährlich werden zwölf Wähler gewählt, die die 450—480 Mitglieder des grossen Rates zu ernennen haben, und zwar werden aus jedem der sechs Stadtteile (sestieri) zwei Wähler genommen. Gewählt aber werden sie durch den grossen Rat selbst, (dessen jeweils im Amt befindliche Mitglieder somit auch über die künftige Zusammensetzung des Collegiums entscheiden); auch die Ernennung der Beamten steht ihm zu. Eine Machtvollkommenheit also umfassender Art von Anfang an.

Glücklicher Weise bietet sich nun auch hier die Möglichkeit urkundlicher Controle. Unter den von der österreichischen Regierung 1868 zurückgegebenen Actenstücken im Staatsarchiv zu Venedig befindet sich ein die Wahlen der Staatsbehörden regelndes Gesetz vom Jahre 1207, das über die uns hier interessierende Frage unerwarteten Aufschluss giebt. Die Urkunde ist, wenn ich nicht irre, bisher ungedruckt. Ich lasse sie deshalb bis auf die Zeugenreihen, von denen wir absehen können, im Wortlaut folgen [2].

---

führt worden sein soll, in der italienischen Stadtverfassung jener Zeit ohne Beispiel wäre. Auch hier gilt vielmehr, was Waitz einmal gegen Roth bemerkt (vgl. seine Abhandlungen zur deutschen Verfassungs- und Rechtsgeschichte, herausgegeben von Zeumer (1896) p. 324), „dass in den Verfassungsbildungen älterer Zeit wir es regelmässig mit einem allmählichen Werden, Sichgestalten zu tun haben, so dass ein neues oft nur unklar, auch nur halbfertig uns entgegentritt, die Dinge selbst etwas unbestimmtes an sich haben und wir deshalb nicht erwarten, gar nicht darauf ausgehen dürfen, sie gleich abgeschlossen vor uns zu sehen, aber auch nicht berechtigt sind, als nicht vorhanden zu bezeichnen, was nicht mit deutlichen Worten in einer Gesetzesstelle oder Urkunde geschrieben steht oder sonst überliefert ist".

[1] Vgl. Claar p. 31, 32, 53.

[2] Urkunde von 1207 (Atti dipl. rest. nr. 105). In der Litteratur ist

„In nomine domini dei et salvatoris nostri Ihesu Christi anno domini millesimo ducentesimo septimo mense Aprilis indictione decima Rivoalto. Cum rebus publicis presideamus, ducalis honorificentia dignitatis ad ea recte nos esse sollicitos convenit et diligenter intentos, quibus semper in melius comune comodum augeatur et oportuna utilius valeant servicia exerceri. Igitur nos Petrus Ziani dei gracia Venecie Dalmacie atque Chroacie dux cum nostris iudicibus et sapientibus consilii collaudatione populi Venecie cum nostris successoribus per hanc nostre promissionis cartam statuentes statuimus, ut amodo in antea de tribus trentaciis omni anno electores tres eligi debeant, quorum quisque de sua trentacia erit. Horum autem electorum ordo a Castello semper incipere debeat et decurrere per omnes trentacias Rivialti usque dum finiantur. Dicti vero tres electores eligere debeant sex procuratores comunis, de uno quoque videlicet sexterio procuratorem, qui in designato sibi officio per capitulare a kalendis Madii primi venturi usque ad kalendas alterius Madii perseverare debeant. Eligere quoque debeant et sex sapientes minoris consilii, singulos ex singulis sexteriis, et sapientes maioris consilii, unumquemque de trentacia sua. Qui sapientes tam minoris consilii quam maioris, quam eciam electores prefati a festo sancti Michaelis mense Septembris incipere debeant officium, in quo electi fuerint per totius anni circulum exercere. Statuimus preterea, ut suprascripti electores tres comunis camerarios et eorundem camerariorum scriptores sex eligere debeant, quorum tres ex una parte canalis erunt et tres ex altera. Volumus quoque, ut sepedicti electores omnes electuras alias facere debeant, quas nos vel successores nostri per maiorem partem consilii eis dixerimus faciendas. Hec autem omnia superius comprehensa firma semper statuimus observanda. Si quis igitur huic nostre constitutioni pro sue temeritatis audacia pre-

sie, so viel ich sehe, nur einmal flüchtig erwähnt, und zwar in der Abhandlung Cecchettis, La vita dei Veneziani fino al 1200 (1870) p. 54.

sumpserit contraire, nostro comuni centum marcas argenti debeat emendare et hec promissionis carta in sua semper firmitate permaneat".

Vergleichen wir nun die Mitteilungen jener Schriftsteller mit den entsprechenden Bestimmungen der Urkunde, so ergiebt sich, dass sie erheblich von einander abweichen. Denn es sind hier nicht zwölf, sondern nur drei Wähler, nicht je zwei aus jedem der sechs Stadtteile, sondern nur je einer aus drei Trentacien. Von wem sie gewählt werden, ist nicht gesagt; doch scheint es dem Wortlaut nach ausgeschlossen, dass die Trentacien selber die Wahl vorzunehmen hatten; jedenfalls ernennt der grosse Rat die Beamten nicht selbst, sondern jene drei Wähler haben ausser den Mitgliedern beider Räte auch sämmtliche aus Wahlen hervorgehenden Behörden zu ernennen. Der Unterschied ist einleuchtend. Freilich stammt das Gesetz erst aus dem Jahre 1207, während jene Schriftsteller angeblich die seit der Einsetzung des grossen Rates im zwölften Jahrhundert geltenden Bestimmungen überliefern. Allein, wenn es sicher ist, dass im Jahre 1207 das ganze Wahlverfahren auf die Trentacien basiert war, dass ferner der grosse Rat die Beamten nicht selber zu ernennen hatte, so ist damit jene Ordnung der Dinge, wie sie von seiner Einsetzung an bestanden haben soll, nicht wohl vereinbar [1]. Auch hier liegt auf Seiten jener Schriftsteller ein Anachronismus vor, der ihre Unkenntnis der tatsächlichen Verhältnisse verrät, und der uns nötigt, ihre bezüglichen Angaben zu verwerfen.

Indem es uns nun aber über den wirklichen Sachverhalt unterrichtet, giebt das Gesetz von 1207 zugleich neue Fragen auf. Man mag die zahlreichen Darstellungen venezianischer Verfassungsgeschichte durchgehen, und man wird nirgends über jene Trentacien Auskunft finden,

[1] Dass sie bis 1207 gegolten habe, und dann durch jenes Gesetz aufgehoben worden sei, wird nicht leicht jemand einwenden. Denn das Gesetz von 1207 bezeichnet unstreitig einen älteren Verfassungszustand als die angeblichen Bestimmungen von 1172.

die wir dort als ein sehr wesentliches Glied in dem Organismus der venezianischen Verfassung kennen lernen[1].

Wenn nun bestimmt wird, dass die drei Wähler die sechs sapientes des kleinen Rats „singulos ex singulis sexteriis", die sapientes des grossen Rats dagegen „unumquemque de trentacia sua" wählen sollen, so scheint hier sexterium und trentacia in analoger Bedeutung, und zwar im Sinne localer Bezirke, gebraucht zu sein. Man würde also die Trentacien als locale Unterabteilungen, d. h. dem zu Grunde liegenden Zahlbegriff nach als Dreissigstel aufzufassen haben. Ich finde den Ausdruck sonst nur noch einmal erwähnt, in einer noch ungedruckten Urkunde, die zwei Entwürfe eines Vertrages zwischen Venedig und Ancona aus dem Jahre 1152 enthält[2]. In dem einen vom Juni schwören die „singuli homines de singulis trentaciis Venecię", „ita adiuvare omnes Anconitanos homines sicut adiuvamus homines unius ex melioribus contradis Venecię". In dem andern im wesentlichen gleichlautenden Entwurf vom August wird dann an Stelle der „singuli homines de singulis trentaciis", der „omnis comunis populus Venecię" genannt. Die Trentacien vertreten hier also offenbar die Gesammtbürgerschaft, als diese der Nachbarstadt einen Schwur zu leisten hat. Nach der Eidesformel selber aber scheinen es die einzelnen in gegenseitigem Schutzverbande stehenden städtischen Nachbarschaften zu sein, deren schwurfähige Einwohner den Eid schwören[3]. Nun findet

[1] Cecchetti a. a. O. p. 54 meint allerdings von den durch die Electoren zu vollziehenden Wahlen: Cotali elezioni erano affidate a persone scelte da comitati. Um was für „comitati" es sich aber dabei handelt, dafür bleibt er die Erklärung schuldig.

[2] Atti dipl. rest. nr. 101. Vgl. oben S. 31 n. 1.

[3] Unklar bleibt freilich, ob und inwiefern die Begriffe „trentacia" und „contrata" sich unterscheiden. Im dreizehnten Jahrhundert ist „contrata", so viel ich sehe, die allein übliche Bezeichnung. Die Vorsteher heissen „capita contratarum". Sie werden zuerst erwähnt in einer Urk. von 1192 Aug. (Cecchetti, Programma p. 56), vgl. Cecchetti, Sull'istituzione dei magistrati della rep. Veneta fino al sec. 13 (1865) p. 12. Als Bezeichnung städtischer Nachbarschaften kommt contrata auch in Siena vor. Jede contrata hat hier ihre besondere Kirche und auch ihr Wappen, vgl. Davidsohn 1, 326 n. 2.

sich das ganz entsprechende Verhältnis, wie die neueste Forschung dargetan hat, auch in Florenz[1]. Von dem Eid der Bürgerschaft auf den Tuskenbund im Jahre 1198 hat sich hier die Schwurliste wenigstens eines Stadtsechstels, der Porta S. Pancrazio, erhalten, in der die populi von neun Kirchspielen mit 523 schwurfähigen Einwohnern von 18—60 Jahren aufgeführt werden. Überhaupt kommt ja den städtischen Unterbezirken als den kleinsten administrativen und militärischen Einheiten in der Organisation der italienischen Stadtverfassung eine wesentliche Bedeutung zu[2]. Nach alle dem, glaube ich, wird man unbedenklich annehmen dürfen, dass die Trentacien mit der Institution localer Unterabteilungen in Zusammenhang stehen.

In dem Gesetz von 1207 ist dann freilich die Bestimmung auffallend, dass die drei electores die Mitglieder des grossen Rates „unumquemque de trentacia sua" wählen sollen. Denn wenn es auch nicht gerade nur dreissig Trentacien waren, so müsste der grosse Rat immerhin aus einer sehr viel geringeren Anzahl von Mitgliedern bestanden haben als 450—480, die ihm die herrschende Ansicht giebt. Wie dem aber auch sei, der Zweck des Gesetzes im allgemeinen ist nicht zu verkennen: man will bei den Wahlen der Ratsmitglieder und der andern Behörden den localen Bezirken und Unterbezirken eine möglichst gleichmässige Vertretung sichern; und da die sapientes ihrer ganzen Stellung nach von Anfang an nicht wohl anders als aus Wahlen hervorgegangen sein können, so wird jenes Wahlverfahren im wesentlichen vermutlich älteren Ursprungs sein.

4. Schlussbetrachtung.

Alles in allem ergiebt sich aus den vorstehenden Ausführungen die Notwendigkeit einer durchgreifenden Berichtigung der herkömmlichen Auffassung. Mag das

---

[1] Davidsohn 1, 327 n. 3; 618 n. 5.

[2] Vgl. Hegel, Gesch. der Städteverfassung von Italien 2, 218 f.; Davidsohn 1, 326 f. und die dort verzeichnete Litteratur.

Jahr 1172 durch politische Ereignisse denkwürdig sein, dass es in der venezianischen Verfassungsgeschichte Epoche mache, wird man fernerhin nicht mehr behaupten dürfen.

Wir konnten gleichsam drei Überlieferungsschichten unterscheiden. In der ältesten Darstellung der Vorgänge jenes Jahres ist von irgend welchen Reformen noch keine Rede. Erst etwa seit 1300 wird von einigen Chronisten das Verfahren bei der Dogenwahl als eine grundlegende Neuerung bezeichnet. Und in der Geschichtschreibung des sechzehnten und siebzehnten Jahrhunderts taucht dann noch die Nachricht von der gleichzeitigen Einsetzung des grossen Rates und weiteren Änderungen auf.

Volles Vertrauen verdient nun, wie wir sahen, nur jene älteste Quelle. Die Ansicht der späteren Chronisten dagegen könnte auf einem Missverständnis der ursprünglichen Überlieferung beruhen. Eine gewisse Bestätigung jener ältesten Darstellung liegt, wie wir jetzt hinzufügen können, auch darin, dass bereits vor der Mitte des zwölften Jahrhunderts das Selbstbestimmungsrecht des populus durch die sapientes, im Princip wenigstens, beseitigt war. Bei der Geschichtschreibung des sechzehnten und siebzehnten Jahrhunderts aber haben wir es mit willkürlich combinierten Nachrichten zu tun. Die Einsetzung des grossen Rats an die Ereignisse des Jahres 1172 anzuknüpfen und mit der Reform der Dogenwahl zu verquicken, lag nahe, da sie sich aus den Zeitumständen unschwer motivieren liess. Was sodann die angebliche Entstehung des Senats aus den angeblichen „Erbetenen" des Dogen angeht, so ist sie anscheinend nichts als ein Versuch, den Namen der Senatsmitglieder, der ursprünglich rogati, später ins italienische übertragen pregadi war, historisch zu erklären. Und beiläufig bemerkt, auch die auf die Quarantie bezüglichen Angaben dürften sich bei genauerer Prüfung als unzuverlässig erweisen[1]. Die all-

[1] Über die Quarantie vgl. Claar p. 76—85. Für die herrschende Ansicht bezeichnend ist seine Bemerkung auf p. 77: „Man hatte 1172 mit der Einführung des Dogenwahlgesetzes und der Gründung des grossen

gemeine Wertschätzung, deren sich jene späte Geschichtschreibung erfreut, ist also auf dem Gebiet der älteren

Rates den Anfang damit gemacht, die Staatsregierung auf eine fester organisierte Grundlage zu stellen. Man war 1178 mit der Einsetzung der sechs Consiglieri auf diesem Wege fortgeschritten und man tat 1179 noch einen weiteren Schritt mit der Einsetzung der Quarantie". Aber auch die Nachricht von der Einsetzung der Quarantie im Jahre 1179 beruht lediglich auf den späteren Chroniken des 16. und 17. Jahrhunderts. Claar a. a. O. p. 77 n. 5 beruft sich darauf, dass dieses Datum von keiner Seite angezweifelt werde und verweist dafür auf Romanin, Tentori, Sandi, Lebret. Doch hat schon Cecchetti, Sull'istituzione etc. p. 14 Zweifel daran geäussert, weil in der ältesten venezianischen Criminalgesetzgebung von 1181 auf die Quarantie, der nach der herkömmlichen Auffassung die Criminalgerichtsbarkeit zustand, kein Bezug genommen werde (die sog. Promissione del maleficio des Dogen Orio Malipiero von 1181 (ed. E. Teza 1863); ich benutzte, da mir der Druck unzugänglich war, das Original, Duc. ed atti dipl. b. 6). Cecchetti vermutete daher, die Quarantie sei erst später gegen Ende des 12. Jahrhunderts entstanden. Vielleicht aber darf man noch einen Schritt weiter gehen; gewisse Anzeichen wenigstens deuten darauf, dass sie erst aus dem 13. Jahrhundert stammt.

Die ersten nämlich mir bekannten urkundlichen Nachrichten über die Quarantie finden sich in dem sog. Liber communis, dem Register des kleinen Rats, welches mit dem 30. October 1223 beginnt; (über Zweck und Anlage dieses Buches vgl. die Vorbemerkung Predellis zu den von ihm veröffentlichten Regesten; die folgenden Citate nach dem Original im ven. St.-A.). Hier steht zunächst unter dem 13. November 1223 vgl. c. 64, Predelli nr. 6 p. 24 ein Beschluss des Dogen, der beiden Räte „et per XL ordinatos pro proficuo et utilitate comunis Venecie"; weiter unter dem 22. Dezember vgl. c. 24, Predelli nr. 26 p. 28 ein Beschluss „cum quadraginta sapientibus institutis pro comuni Venecie"; dann unter dem 2. April 1224 vgl. c. 27t, Predelli nr. 110 p. 42 ein solcher „cum consilio XL hominum sapientum, qui electi sunt pro bono Venecie" u. s. w. Erst nach und nach wird die Bezeichnung „illi de quadraginta" oder schlechthin „quadraginta" üblich. Sollte aber diese anfänglich unbestimmte und umständliche Terminologie sich nicht etwa daraus erklären, dass die Institution noch verhältnismässig neu und den Schreibern zunächst nicht recht vertraut war? Freilich führt nun Claar p. 78 n. 3 als das älteste urkundliche Zeugnis für die Quarantie eine Entscheidung des grossen Rates von 1202 an, worin es heisse: „illi qui sunt de quadraginta hoc anno", leider ohne Angabe seiner Quelle. Ich bin jedoch mit Rücksicht auf den Sprachgebrauch des Liber communis geneigt, hier bis auf weiteres ein chronologisches Versehen anzunehmen. — Auch die Competenz der Quarantie ist von Claar, wie mir scheint, nicht ganz zutreffend bestimmt worden.

Verfassungsgeschichte durchaus unbegründet[1]. Den eigentümlichen Charakter der Entwicklung, jenes allmähliche sich Umbilden des Bestehenden ohne jähen, unvermittelten Übergang erschliessen uns erst die Urkunden.

Manches bleibt freilich in Dunkel gehüllt. Gerade die tieferen Ursachen, die diesen Verlauf der Entwicklung herbeigeführt haben, werden sich wohl nie völlig aufklären lassen. Zwar ist leicht einzusehen, dass mit der fortschreitenden Organisation der Verfassung die feste Norm an Stelle des blossen Herkommens treten musste. Weshalb aber kündigt sich gerade gegen die Mitte des zwölften Jahrhunderts die entscheidende Wendung an? Nur eine Vermutung darüber möchte ich aussprechen.

Wir wissen, das Venedig in jener Zeit von innerer Parteiung heimgesucht war. Schon bei der Dogenwahl von 1130 scheint sie hervorgetreten zu sein. Der Patriarch Heinrich Dandolo und das Geschlecht der Badoer soll nach einer späten, aber glaubwürdigen Überlieferung der Erhebung des Peter Polani widersprochen haben; er war der Schwiegersohn seines Vorgängers, des Dogen Domenico Michiel, welcher abgedankt hatte[2]. Mit diesen persönlichen Feindschaften aber hing dann weiterhin der venezianische Investiturstreit[3] zusammen und der schroffe Widerstand des Patriarchen auch gegen die auswärtige Politik des Dogen in dem byzantinisch-normännischen Gegensatz[4]. Es kam so weit, dass er sammt seinen An-

---

[1] Man scheint es später als eine in der Überlieferung vorhandene Lücke empfunden zu haben, dass die älteren Chronisten über den Ursprung der regierenden Collegien nichts berichten; aber der Versuch, diese Lücke auszufüllen, ist misslungen.

[2] Chr. monast. S. Salvatoris des Franciscus de Gratia (1766), die betreffende Stelle auch bei Cicogna 1, 241, vgl. Simonsfeld, N. Archiv für ält. d. GK. 1, 407 ff. Es stimmt zu dieser späten Nachricht, dass die Badoer nach einer gleich zu erwähnenden Angabe Dandolos mit dem Patriarchen später vertrieben wurden.

[3] Schreiben des Kanzlers Benintendi von 1352 (Muratori R. I. S. 12, 10; Corner 10, 246; Tafel und Thomas, der Doge A. Dandolo etc. Abh. der Münchner Akad. 3. Kl. 8, 18), dazu Hain p. 46.

[4] Vgl. den später wieder getilgten Passus im Codex Zanetti 400 der

hängern aus der Stadt vertrieben und das päpstliche Interdict über Venedig verhängt wurde. Erst unter dem Nachfolger Polanis ist eine Aussöhnung erfolgt. Unsere Kenntnis dieser Vorgänge ist leider ganz ungenügend[1]. Man ist zwar noch im vierzehnten Jahrhundert recht genau darüber unterrichtet gewesen, hat aber, wohl aus politischen Rücksichten, Anstand genommen, sich eingehender darüber auszulassen, ja man hat sogar darauf bezügliche Angaben später getilgt.

In dieser Zeit innerer Wirren nun treten uns die sapientes zuerst entgegen, wie es scheint, ehe jenes persönliche Zerwürfnis sich auf die allgemeinen kirchlichen und politischen Verhältnisse übertragen hatte. Erinnern wir uns, dass ihnen die Bedeutung einer höchsten Instanz dem Dogen und dem populus gegenüber, principiell wenigstens, zugestanden war. Sollte dies etwa in der Absicht geschehen sein, um bei der vorhandenen inneren Spannung die Möglichkeit eines Ausgleichs zu schaffen?[2]

Jedenfalls hat auf den Fortgang dieser Entwicklung sehr nachhaltig jene wirtschaftliche Umwälzung eingewirkt, die im weiteren Verlauf des zwölften Jahrhunderts bemerkbar wird, von der ich bereits in anderem Zusam-

---

Annalen Dandolos, auf den zuerst Simonsfeld a. a. O. p. 408 aufmerksam gemacht hat. Ferner Simonsfeld, Dandolo p. 36, von Kap-herr p. 48; Ann. breves. zu 1147 April p. 71.

[1] Nach dem Schreiben des Kanzlers Benintendi begann der Investiturstreit unter Papst Innocenz II. (1130—1143). Nach Dandolo p. 279 aber hat der Doge noch 1141 bei einer Volksversammlung in S. Marco aus der Hand des Patriarchen die Fahne empfangen. Vermutlich also hat sich der zunächst vorhandene persönliche Gegensatz erst später zu einem kirchlich-politischen Conflict zugespitzt.

[2] Hain spricht p. 105 die Vermutung aus, dass das Aufkommen der sapientes mit dem Investiturstreit zusammenhänge, indem „der Adel die Gefahr des Dogen benutzte, um diesem Zugeständnisse abzuringen“. Indessen war es 1141, in welchem Jahre die sapientes uns zuerst begegnen, zwischen dem Dogen und dem Patriarchen in der Investiturfrage wohl noch nicht zum Bruche gekommen. Dagegen dürfte das Verschwinden der Geistlichkeit aus der öffentlichen Versammlung durch jenen Conflict allerdings veranlasst sein.

menhang gehandelt habe. Wir sahen, dass sie zugleich eine sociale Zersetzung im Gefolge hatte. Eben bei jenen Geschlechtern, die seit Alters eine vorwaltende Stellung im Staate besessen hatten, kommt sie zur Erscheinung. Eine Anzahl von ihnen bildet sich der veränderten Zeitrichtung gemäss zu einem Stande von Capitalisten um, der u. a. dem Staat in seinem andauernden Geldbedürfnis hochverzinsliche Darlehen vorschiesst. Sie sind hierdurch eine Macht im Staate; aus ihnen gehen die künftigen Dogen hervor. Man darf annehmen, dass in den beiden Räten insbesondere ihr Einfluss sich verkörpert.

Ein andrer beträchtlicher Teil jener Geschlechter aber findet sich nicht in den Geist der neuen Zeit und gerät in tiefe Armut. Sie werden unterstützt; es soll ihnen dauernd aufgeholfen werden, bezeichnender Weise durch Überlassung von Capital zum Handelsbetrieb. Vielleicht, dass die venezianische Colonisation in der Levante ihnen einige Erleichterung gebracht hat. Schwerlich aber hat sich dieser Übelstand völlig beseitigen lassen, so wenig dies in späteren Jahrhunderten der Fall war. Und sollte er nicht auch zu politischen Machtkämpfen Anlass gegeben haben? Ist es doch im dreizehnten Jahrhundert zu Parteiungen unter den herrschenden Geschlechtern gekommen. Etwa zwischen jenen Capitalistenhäusern und den verarmten, aber politisch gleichberechtigten Adligen?[1]. Die Überlieferung lässt uns hier leider ohne Antwort.

[1] Vgl. hierzu Leo, Geschichte der italienischen Staaten 3, 54; nach der gewöhnlichen, einseitig politischen Auffassung handelt es sich um den Gegensatz zwischen einer oligarchischen und einer mehr liberalen Richtung. In der vielbesprochenen Stelle Dandolos p. 346 A sind die Worte „genus suum et“ wohl erst eine spätere tendenziöse Interpolation, die sich gegen die Tiepolo richtet. Denn sie fehlen im Cod. Marc. Zanetti 400 und in den beiden ihm am nächsten kommenden vaticanischen Handschriften, ferner in der Chronik des Laurentius de Monacis (ed. Corner 1758), der Dandolos Annalen an dieser Stelle wörtlich ausgeschrieben hat.

Universitäts-Buchdruckerei von Carl Georgi in Bonn.

FSC
www.fsc.org
MIX
Papier | Fördert gute Waldnutzung
FSC® C083411

Kolibri 360 GmbH
Ferdinand-Jühlke-Straße 7
99095 Erfurt, Deutschland
produktsicherheit@kolibri360.de